Chère Monique,

je t'offre d'abord ce livre personnellement. Que ce "livre de chevet" soit une première rencontre entre toi et moi, entre les mots et la réflexion de

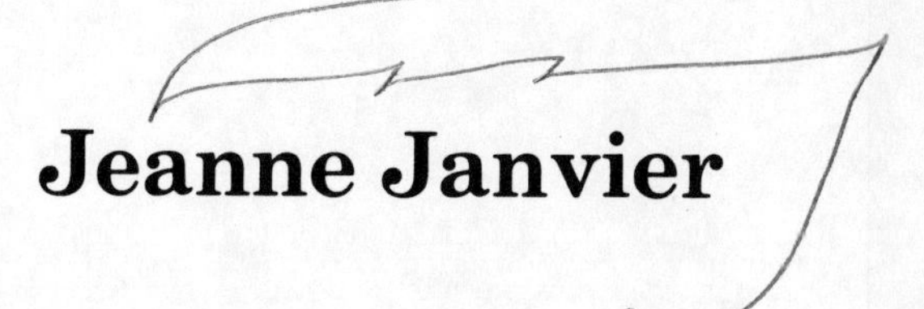

Jeanne Janvier

Que Jeanne nous permette d'aller ensemble plus loin que les pages d'un livre... Je compte sur ta franchise et surtout je veux que tu te sentes très à l'aise vis à vis ma démarche.

Cequi compte c'est qu'aujourd'hui, à cause "d'instants privilégiés", nous soyons assises à la même table à nous rencontrer...

Amitié chaude

Louise,

2 déc 85

louise portal

Jeanne Janvier

récit

Photographie de la couverture:
Kèro

Maquette de la couverture:
France Lafond

Dépôt légal:
4e trimestre 1981

ISBN 2-89111-092-7

À mon père en allé,
Marcel Portal

Préface

Il arrive parfois (l'amitié conduisant à de drôles d'indiscrétions) qu'on lise par-dessus l'épaule de quelqu'un. Bien sûr, on devrait s'arrêter tout de suite, refermer le cahier, avouer bêtement sa curiosité et n'en parlons plus. Mais qu'arrive-t-il si la personne qui l'a écrit désire votre indiscrétion ? Qu'arrive-t-il si elle vous remet l'autre et puis l'autre cahier en disant : « Honnêtement, tu me diras ce que je dois en faire de tous ces cahiers mauves, bleus, verts ? » Eh bien, on les lit, et c'est tout. Et puis, si on est pris, si on a cette impression terrible et tendre qu'il peut s'agir d'un livre, que des gens pourraient se reconnaître, se comprendre, s'attendrir et se passionner, bref se découvrir un peu à travers toutes ces lignes ? Eh bien, on se repenche par-dessus l'épaule de l'auteur, on relit, à voix haute, avec elle, et une certaine transparence naît : un livre, sans doute, oui, un livre vient au monde... Et l'on n'y est pour rien. Ou presque.

Robert Lalonde

Robert LALONDE
lauréat du prix Robert-Cliche, 1981

Il arrive parfois qu'amitié conduisant à de drôles d'indiscrétions, qu'on lise par-dessus l'épaule de quelqu'un. Bien sûr, on devrait s'arrêter tout de suite, refermer le cahier, avouer bêtement sa curiosité et [illegible] en parfois plus. Mais qu'arrive-t-il si la personne qui l'a écrit des [illegible] [illegible] [illegible] tel, et elle vous tend l'autre et puis l'autre cahier en disant solennellement: tu me diras ce que je dois en faire de tous ces cahiers [illegible] ? Eh bien, on les lit, et c'est tout. Et puis, [illegible], si on a cette impression terrible et tendre qu'il peut s'agir d'un livre, que des gens pourraient se reconnaître, se comprendre, s'attendrir et se passionner, brûler, découvrir un peu à travers toutes les lignes? Eh bien, on se [illegible] par-dessus l'épaule de l'auteur [illegible] votre honte, avec [illegible] et une certaine [illegible] naître un livre, sans doute est un livre [illegible] au monde. Et l'on n'y est pour rien. Ou presque.

Robert Lalonde

[illegible] 198[illegible]

Avant-propos

C'est dans un geste à la fois désespéré et grave, impudique et presque délirant que je vous livre des instants de ma vie : y sont gravés les mouvements de l'adolescente de dix-huit ans qui, fébrilement et passionnément, traverse jusqu'à trente ans le passage de ses miroirs. Passage de folie, de passion, de tourments, d'amour, vers le bonheur de vivre.

Pourquoi avoir décidé d'ouvrir mes cahiers ? Peut-être pour faire voir ce qu'il y a de plus vrai en moi et que je cache sans cesse dans le secret de mes extases et de mes rêves.

Je suis une romantique, une amoureuse éternelle, morte d'avance et en retard d'un siècle.

Jeanne Janvier.

Jeanne... Septembre
18 ans

L'amour fou

Faire sa valise et s'en aller. Remplir sa grosse malle de pensionnaire, non pas pour se rendre au couvent comme à douze ans, mais pour déménager dans la grande ville, pour s'ouvrir davantage à la vie, parce qu'on vient d'avoir dix-huit ans et que, de partout, on sent l'appel du changement. Plier soigneusement ses chandails et ses jupes d'adolescente et arriver dans la ville le cœur battant, les yeux grands ouverts, la tête en avant.

Une première année où tout se bouscula. J'étais une orpheline dans la grande ville ; j'avais pourtant des nids dans chaque quartier. J'ai traversé les heures sans presque m'en apercevoir tellement j'étais au centre de ma nouvelle vie. Mon domicile était la rue et l'autobus. J'ai erré dans tous les coins pour connaître la ville. Seule dans l'hiver, j'ai appris à pleurer, à m'apprivoiser moi-même.

* * *

Quand j'essaie avec mes mots de retracer les atmosphères qui préludent à cet amour fou qui m'enivra, tout me semble tellement loin déjà, et pourtant tout est gravé à jamais dans mon cœur et ma tête de femme.

Mon amour fou... il a présidé à la naissance de ma nouvelle vie, quand je suis arrivée ici. Son corps fiévreux, ses gestes turbulents, aériens, sa moquerie, la détresse au fond de ses yeux. Un pirate effarouché sur son île solitaire. Un homme en fuite de son destin, un musicien, un peintre, un écrivain : éblouissant comme phare transparent sur la mer. Il était partout, comme une tache originelle sur mon âme d'amoureuse.

Je l'ai aimé dans le silence avec toute la douleur qu'il fallait pour ne plus jamais y revenir. Je n'ai pas connu sa peau ni son odeur. Son lit, une absence jamais retrouvée. J'en avais fait une sorte de valet de cœur dans ses costumes de velours vert, sa tête était le royaume de ses secrets.

Pendant un an, durant tout ce silence, il m'a vidé le cœur tel un vampire. De tout cela il ne reste que quelques pages écrites, mais le souvenir est encore là, sanglant et immortel. Je ne fus jamais assouvie et je cherche encore des baisers impossibles.

Homme insaisissable, vous m'aviez prise pour la première fois et, depuis, les désespoirs me frôlent et me frôleront jusqu'au jour où je ne vous aimerai plus.

Tu as réveillé le rêve qui sommeillait en moi. Tu as fait naître mes visions d'amoureuse solitaire et je traverserai ma vie à la conquête de cet amour impossible. Je suis liée à mes amours anciennes que je n'ai pas encore éteintes. Elles ont dévoré de ma fraîcheur et de mon innocence ; j'en suis à jamais marquée.

Il me faudra faire le tour du monde, de tout mon univers, pour vraiment renaître et tout recommencer. Le temps a passé trop vite au rythme de ma passion et je ne peux revenir en arrière pour effacer. Je porte en avenir le temps passé, comme un foulard de larmes à mon cou. Les pierres précieuses à mes doigts sont nombreuses, je me suis fiancée plusieurs fois ; j'ai été Cendrillon, la Belle au Bois dormant et même Chaperon Rouge et son panier.

Les jours vont débouler ma vie.

* * *

Toi que je regarde, que je regarde sans cesse, je voudrais fuir tout ce qui est toi. Mais voilà que la brume de ton visage m'enveloppe et le mystère renaît au fond de mon être. Qui es-tu, toi que je maudis dans mon sommeil ? Pourquoi me ronger et me détruire ? Je voudrais marcher loin, très loin, pour devenir muette et sourde à tes gestes. Je veux crier et vomir toute cette lumière aveuglante qui se dégage de toi. Oublier ce chemin où mon œil s'égare. Qui es-tu, toi que je maudis ?

Que le jour prenne feu. Que la nuit pleure une voix sans écho. Des squelettes de putains m'habitent au-dedans, squelettes mangés par la faim d'un amour. Leurs corps donnés par détresse et amertume se collent à moi. Je suis de la rue...

Les semaines fuient, et je sais à présent où se cache ma pureté perdue. Dans des lits trop sales où je n'ai fait que lutter sans vouloir vraiment. Maudit soit le jour où j'ai cru en ces illusions, illusions d'un amour non de femme à homme, mais de bête à bête. Mon ventre s'est dressé à la caresse mortelle. Mortelle, car tout est mort à présent. J'étouffe et m'enlise, et toi tu ne caresses que les débris d'une jadis enfant.

Les déesses voudront-elles de moi à présent ? À présent que tous m'ont souillée, que je ne suis que blessures et odeurs, odeurs de parfums fanés, de fleurs à jamais ensevelies. Oh ! que vienne, que vienne cette paix de l'âme que je possédais jadis ! Parce que je sens l'abîme proche, le temps me flétrit...

Je plane dans le matin frileux, je replonge en moi-même et ne découvre qu'un trou noir et puant. Le jour n'a point évanoui ma nuit d'épouvante et d'insomnie. Retracer mon ivresse pour les glaces caressées. J'ai perdu le calme de mes yeux. Mes yeux : spasmes délirants. Je veux faire violence de mes mains. Mon cœur trop lâche me retient.

Soif. Comme j'ai soif d'instants ! Soif. Soif d'un geste trop pur et trop beau, baigné d'étoiles sans diamants, de lunes ensevelies.

* * *

Rêve. Je refais le chemin, le même depuis des semaines, mais, ce soir, il y a quelque chose de froid et de terrible sur la ville. Pour la première fois, j'ai cette sensation étrange : mon ombre sur le trottoir glacé est un cadavre errant qui me poursuit. Il frôle ma cheville. J'ai peur, j'accélère, mon manteau est lourd, je n'ai même plus froid. Antiquités, Tourist Rooms, building aux innombrables escaliers de verre. Feu vert, feu rouge, je me précipite. Je cours. Je crois que les voitures vont me coincer dans le bitume. Des taxis noirs aux cravates jaunes, blanches. Restaurants aux odeurs chinoises ou italiennes. Je marche, je croise des vieux et des rois. Cabine téléphonique. Cinéma Élysée. Boîte aux lettres, écrin muet des lettres d'amour. Un jeune danseur en collant blanc aux yeux obscurs et bridés. La grille du collège, enfin. M'y mettre à l'abri, m'y cacher, être sourde à cette peur qui m'affole. La porte est fermée. L'autre, il doit bien y en avoir une autre. La voici, numéro 320 Sherbrooke est. Et je monte, je monte, les marches sont hautes comme des échasses, des sueurs perlent mon sein et mon nez. J'arrive enfin à la salle de théâtre où les coulisses me renvoient les répliques trop brèves d'un rêve évanoui.

Je courais dans une ville ; elle me pénétrait si profondément de bruits et de lumière que mes cheveux ne pouvaient plus se perdre au vent, mais se tressaient comme une longue échelle qui me barrait les pieds.

Les lampadaires, tels des chevaliers noirs et sauvages, me pointaient dans la nuit comme l'aiguille d'une grande horloge. Le rythme se perdait en respiration. Je fuyais quelqu'un ou peut-être uniquement le temps. Allait-il m'attraper, me courber et me faire vomir toute ma haine ? Il aurait fallu pourtant que je devienne un chat pour pouvoir retomber sur mes pattes ; mes vingt doigts étaient noués, comme emprisonnés sur mon sein. J'étais cernée par la hantise que j'avais de dormir près du défunt. Il était là, regardant nulle part, sa bouche me souriait d'un rire malsain. Je voulais vivre mais aussi couler dans ses entrailles bleues. Soudain, tout se délia... telle une vipère, je rampais sur le marbre blanc de sa peau, et je bus, à me saouler, l'eau noire de ses prunelles. Je me grisai de son parfum, la tête renversée sur son épaule maigre, telle une caresse d'hiver.

Je me retrouvai sous une neige de cendre, frémissante de mes derniers adieux. Je fondis doucement vers le fleuve.

* * *

Je suis la mariée de cire, ombre passagère dont les corbeaux ont voilé l'œil vilain. Je suis la femme de trembles, frisson soupiré que la girouette balance à la nuit d'hiver. Je suis la mendiante de sable que le matin a gelé de sa dernière étoile. Je suis la Dame inconnue, métamorphose des saisons qui se consument en moi.

Je suis et la tour et la tombe qui glissent au macadam des miroirs en éclats. Je suis pécheresse de mes solitudes, attachée aux barrières oubliées des jardins fanés. Je suis l'enfant malade égaré du soleil blanc, brûlé de ta mémoire. Je suis le naufrage écorché de ton aile, parce que je ne suis qu'une femme et que par malheur je t'aime.

Avant de faire naufrage, je veux une dernière fois me baigner dans les étangs de mes amours anciennes où j'ai noyé mon corps. Avant de prendre le large pour cet ultime voyage, sache que je t'aurai cherché partout, dans mes rêves, dans mes brumes, dans mes douleurs et mes bonheurs.

Je pars à présent. Où que tu sois, un dernier cri. Je t'aime, toi qui es nulle part.

Il est en moi et tout autour de moi un vaste désert où la lenteur de mon regard s'évapore...

* * *

Il aura fallu que près de sept ans s'écoulent sans mots ni murmures pour que la suite s'inscrive à cette première partie.

Durant sept ans, j'ai comme vécu ailleurs, hors de moi, loin de mon souffle. J'ai fait des nœuds à mon cœur en l'attachant à des êtres qui, au fil des jours, me faisaient taire. Toujours lutter entre sa vie d'amoureuse mal formée et l'autre vie, celle de l'envol, de la réalisation intime de son devenir de femme.

Et c'est, une fois de plus, en vivant seule, que je redeviens attentive, consciente de mes pulsations.

En voici la suite exotique puis romanesque qui m'emmène dans l'automne fauve de ma pensée ; à l'épanchement de ma vie sur ces cahiers.

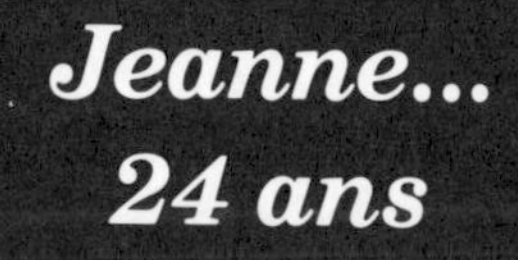
Jeanne...
24 ans

Le Mexique, sous les palmiers : je veux y enterrer le passé

Les lanternes de la ville s'éteignent une à une ; nous partons en voyage. Dans des anciens cahiers dormiront, ensevelis, d'anciens amants. Ce sont des pages blanches qui m'enivrent. Un autre voyage m'entraîne et me ramène à la fois à l'intérieur de moi et aussi au-delà de moi. Dans quelques heures, le jour va se lever à la fenêtre de l'oiseau rouge : vers un horizon d'eau, au sable des métamorphoses, dans une saison de chaleur permanente. Puisses-tu, pays des tropiques, faire pousser et renaître en moi l'amour !

Il a suffi d'un temps d'arrêt pour que je revienne en arrière, afin de retrouver l'essence de mes mots dans cette âme amoureuse qui gisait, inerte, au soleil. Une silhouette projetée sur la mer, une jeunesse brune aux longs cheveux, un regard attardé et me voici rendue à moi-même.

Bien sûr, je ne pourrai jamais parler d'autre chose que d'amour. L'amour me ramène au désir, aux rêveries tranquilles, aux bains voluptueux de la pensée... Je chercherai toute ma vie ce long poème ailé qui me ferait naviguer au-delà de moi-même dans ces métamorphoses sans cesse renouvelées. Je rejette ma tête dans l'avenir dont j'attends le signe. Je sais déjà qu'il aura la fureur irraisonnable de ma passion. Avant mon premier cri, je suis née amoureuse. Je pense n'en jamais voir la fin. Je veux encore des chavirements innombrables pour continuer à vivre et à écrire.

À mon réveil, comme une poussée de tendresse dans un abîme de détresse. Mes larmes sont venues tout de suite : une pluie tropicale sur mes joues. J'avais la peau brûlante des incertitudes où je passe et repasse sans cesse...

Hier, dans le ballon de feu qui déclinait sous le ciel, j'ai revécu l'extase de la rencontre avec la création. Il me semblait à cet instant que toutes les angoisses sont futiles devant tant de beauté, de grandeur. L'homme superbe, patriarche gris aux yeux d'océan à mes côtés, a reçu tout l'amour qu'il y a en moi. Mais je ne pouvais que donner les lumières fluorescentes de mon corps. Ma peau, elle sommeille, indécise, en attente. Comme un coquillage fermé, chantant la complainte éternelle du désir inassouvi.

Je sais de moi des mains enlaidies par l'inquiétude, un corps effacé dans le sable, consumant ses dernières attentes. Je sens le temps proche pour renaître en moi. L'amour viendra me repêcher dans mes sables mouvants. Pendant sept ans j'ai noyé et renoyé ma déception, ma douleur, pour apprendre à devenir une femme et à aimer d'une autre manière. Me revoici, Jeanne... en voyage.

Un désir bleu a glissé de ma main. Quelques mots parsemés entre les oiseaux t'ont dit mon amour, toi, mon élégance blonde au chapeau de paille. Ta main longue et fraîche a pris mes doigts meurtris. Je t'ai dit me sentir une enfant, être près de toi et recevoir tant de bonheur. L'amour me porte. Mon délire se calme quand on se regarde. Allons ensemble retrouver le sommeil de l'île. Une jeune fille romantique attend dans un jardin.

Encore quelques traînées roses et mon ballon de feu sombre dans la nuit foncée, chaude. Que faire d'autre que s'envoler vers la montagne découpée de gris : mon désir est mort dans un lit humide par un après-midi brûlant. J'étais tombée malade d'amour ; je suis restée immobile, mon corps ne sait plus parler. La brunante et des fleurs m'enlacent. C'est un linceul pastel qui regarde mourir un corps sablé. Des parfums brûlent sur ma peau.

Je suis seule au monde et j'ai peur à ma raison. Quelle est cette angoisse immortelle ? Je deviens souvent si triste et je ne sais pas pourquoi. Comment se dire autrement qu'en silence...

J'étais là, nonchalante et silencieuse, appuyée au mur de pierre de l'entrée de ma chambre. Elle était sombre, même en plein soleil d'un matin qui s'étirait ; il était peut-être onze heures ce jour-là. Appuyée ainsi au-dessus des deux marches servant de palier à mes isbas du rêve, j'étais une de ces femmes hindoues qui attendent sous les portiques les hommes fiévreux des villes. Moi, je n'avais pas d'œil noir, ni d'anneau d'or à l'oreille, mais la robe bleue moulante à mon corps, j'attendais l'étranger qui allait et venait dans la chambre, s'apprêtant à partir. Il retournait en ses lieux, avec son compagnon blanc garni d'une tresse blonde. Leur couple : un taureau et une sirène s'en allant mollement au futur des secrets. C'est ainsi que je les vis partir. Mon silence une fois de plus redevint ma prière. Je l'ai traduit au soleil couchant dans un billet qui s'est perdu peut-être ; saura-t-on jamais où mènent les conquêtes silencieuses que l'on fait...

Je reçois toujours le matin comme une sorte de délivrance ; les nuits ici, pour moi, sont inutiles. Je les entrevois toutes longues, interminables. C'est que je n'ai pas tellement besoin de sommeil ; j'aurais plutôt le désir que la nuit soit la courbe voluptueuse de ces journées chaudes, quand sous les étoiles on glisse le long des hanches chaudes et souples d'un amant. Je n'ai pas d'amant, alors comment pourrai-je goûter les nuits qui viennent de la mer ? Chaque fois que je suis venue dans ce pays de soleil, j'ai toujours appréhendé les nuits pour cette raison.

Suis-je en voie de retrouver d'anciens pays, des régions où je vécus jadis ? Chose certaine, la flamme des lampes de cire, la nuit chuchotante, mon corps transpercé de couleurs me ramènent à des visions exotiques dans lesquelles la bible et ses personnages ouvrent leurs pages à mon imagination.

Je passerais des nuits assise sur les marches de pierre pour voir défiler les ombres noires. Quelle est donc cette légende antérieure qui surgit tout à coup ? Mes vêtements en prennent les plis, mon corps, une certaine couleur et la démarche. Qui vais-je rencontrer au bout de cette route de sable sur laquelle je m'achemine depuis tant de jours et tant de nuits ? S'agira-t-il d'un père, d'un dieu, d'un fils ou d'un frère ? À moins que tous ces hommes puissent se rencontrer en un seul... Cet être que j'attends saura-t-il me reconnaître dans cette retraite silencieuse où je me trouve ? J'ai perdu ou peut-être quitté mes gestes et mes paroles. Ma séduction, si elle existe, est devenue muette. J'attends, j'attends sans drames et sans souffrances comme les vierges sages. Je suis en veille, ma lampe au cœur, à la main.

Comment dire, comment écrire ce qui s'empare de moi, danse nostalgique de l'âme qui attend sans attendre à la fois, subissant cet autre passage ? Comment faire pour murmurer que l'on aime et qu'on a besoin ? Je suis prisonnière de baisers anciens jamais exprimés. Chaque silhouette en porte encore les maléfices. Une vierge bleue s'attarde au-dessus de la mer.

Qu'est-ce que j'attends au juste ? Une révélation peut-être ou une apparition ? J'ai donné mon rire en échange de la mélancolie.

Comment te décrire, toi en qui je voudrais demeurer ? Je suis venue vers toi par un matin, celui d'hier ; un parchemin de couleur roulé, cintré d'un foulard blanc et d'un anneau d'argent. Je t'ai demandé ta vie pour un jour encore, tu as dit oui et je suis restée. Je devrais prendre l'avion dans quelques heures pour m'en retourner, mais le cœur me manque rien que d'y penser. Quitter cette terre qui est comme une île tant elle est sauvage, quitter ce nouveau rythme qui s'installe en moi quand de nos bouches glissent jusqu'à nos corps la même offrande, la même prière.

J'ai vu dans notre première nuit l'étoile de chair à ton front bleu, miroir éblouissant de ton âme pensante. J'ai compris aussi, au souffle des chandelles, ton langage. Muets d'amour, nous

nous regardions quelques instants encore avant que mon départ nous bascule dans l'oubli.

Je voudrais rester, je te l'ai dit de tout mon corps, de tous mes yeux. Si tu me laisses partir, j'écouterai tes gestes et le souvenir que j'en aurai. Peut-être ne sommes-nous nés et ne sommes-nous venus jusqu'ici que pour un temps bref et immortalisé dans cette rencontre tardive et passagère où s'unirent dans un même regard des solitudes similaires... C'est bon de regarder ainsi le dénouement des choses ; je n'ai aucune tristesse, aucun sanglot de t'avoir trouvé et de devoir te quitter déjà. La courbe du monde est grande. Si tu étais le signe que j'attendais, je te retrouverai.

Le silence fut notre témoin. Cela nous appartient comme un secret.

* * *

L'avion me ramène vers mes terres blanches. Je dépose les dernières couleurs de ce voyage sur cette lune chevaline ; dessin-portrait qui réunit la courbe, le visage et les teintes de ces trois semaines de voyage.

Je reviens d'une terre chaude ; pendant tous ces jours, une voile bleue tendre et insouillée s'est drapée en baldaquin sur la naissance de chaque jour. C'est possible ici de porter un regard d'éternité quand on considère la mer ; elle est si vaste, à la fois calme et transparente, tourmentée et noire d'abîmes bleus. Son fond a la connaissance de légendes sous-marines que l'on peut réinventer mille fois.

Yélapa, que j'appelle mon île sauvage, qu'es-tu allé chercher au fond de mon âme ? Des pays visités du fond de ma mémoire surgissent. Ce mouvement de chaleur et de tranquillité me remue comme lorsque les carpes géantes apparaissaient sur la mer, comme des îles brunes venant d'un autre lieu.

Jeanne... Romantique
25 ans

Le chevalier célèbre

Je suis au cœur de la ville pour quelques heures. Assise à une terrasse, seule, un verre de Kir et quelques cigarettes, je suis au rendez-vous comme les autres fois. Je t'attends... Que me réservent les mots que je te dirai ?

Une heure du matin : déception, rupture, croyance dissipée. Il n'est pas venu. Toi à qui je voulais tout donner cette nuit, toi, mon espoir, tu me brûles sans même une parole... Et je sens la rage du cœur qui monte en moi.

Ce soir, une chambre d'hôtel froide. Les roses achetées pour toi grisent ma violence : les deux cactus pourrissent sur l'évier.

Huit heures : je me réveille. Ma colère s'est évanouie dans la nuit. Les roses furent le linceul de ma déception. Mes rêves : encore intouchables. Les draps sont durs, mon cœur endolori. J'aimerais que tu m'appelles. Le téléphone rouge reste muet. Je le regarde et j'ai l'impression qu'il ne sonnera jamais plus pour nous deux. Ma chemise et mon pantalon de noce sont froissés du voyage. Je suis une mariée bien fripée. Je ramènerai avec moi les deux cactus pour les femmes qui accompagnent mon angoisse ; les roses, je les éparpille sur le lit défait de cette fausse chambre nuptiale. Chambre d'hôtel vide sans murmure et sans bruit.

Quand te reverrai-je ? Il me semble incroyable que tu aies pu prendre la fuite.

Midi. Le téléphone a sonné, et c'était toi entre deux avions. Entre deux mots, c'était toi, mon chevalier célèbre, mon chevalier superbe, mon enfant fou.

Dans ma campagne, je regarderai pousser l'été et mourir la saison avant de te rejoindre. J'aiguiserai ma vie dans la saveur des fougères. Les chapeaux, les dessins vivent sous ma fenêtre avec des papillons nocturnes pour rideaux.

J'ai une soif de légende depuis l'enfance, et à genoux encore, je veux y croire. Les années passent vite, il faut voyager, courir à perdre haleine avant de s'en aller, de tout quitter. Je mourrais que ça ne me ferait rien. La mort ne serait pas une délivrance mais un autre chemin. J'aime la vie amour ; j'aime, que ce soit dans les astres ou les fleurs ou les marbres. Je voyage dans mon cœur, dans ma tête. Il me semble que mon sablier est éternel. Le jour se lève dans ma vie. Regardez-moi courir dans mes sabots sculptés, le ventre ouvert pour prendre l'air.

Deux heures moins quart de l'après-midi. Je reviens à toi, cahier, tu m'attires comme un lien, une semence, une reconstitution, un puits, un vase.

J'ai retrouvé ma bague de voyage. Pierre verte des océans du Pacifique, taillée par les mains brunes des Mexicains de montagne. Je l'avais perdue un soir d'ivresse, les lutins l'ont ramenée au pied de mon lit. Le trio des doigts de ma vie se refait: Mexique découverte, bague de mes serments, mon cœur dans une cuillère.

L'orage va éclater, Chopin en joue le prélude. En moi vit le sous-bois: les champignons tressés, un nid qui se fait, un arbre déraciné, un étang-mirage, un sentier qui se perd, une plaine que l'on découvre, une roche qui pleure. Au bout de mes doigts se perchent les abeilles, pour me donner à jamais un goût de miel, quand tu viens dormir dans mon château.

Écrire, écrire, écrire parce que l'orage se fait pressant, et que tout nous atteint. Un orage, c'est fascinant... Mon chalet sous la pluie c'est l'Arche de Noé qui se fraie un passage sous les arbres. La route de cailloux gris est mouillée dans l'orgasme de la tempête qui gémit, qui gronde au-dessus des montagnes. La lumière de cette heure est aveugle. Les mots que je fais naître sous mon crayon voudraient décrire en délire cette heure de pleurs que le ciel déverse sur la terre. Les chalets sont endormis, les enfants en vacances doivent dessiner en ce moment. Moi, quand j'étais petite, les jours de pluie, je découpais des robes de papier pour mes poupées de carton, je construisais des forts d'Indiens ou des châteaux de cartes: un palais de cœur avec une palissade de trèfles. Mais nos jeunes pieds impatients après quelques heures les détruisaient.

Je me laisse charmer par ma pensée vagabonde. Les souvenirs réapparaissent: le jardin de ma maison de petite fille a grandi en même temps que moi. Les bancs de pierre ont été brisés par des enfants et par l'hiver, la fontaine des oiseaux a déjà bien des rides depuis quinze ans. Mes trois sœurs sont ailleurs et je les aime. Je suis solitaire depuis vingt-cinq ans. Je suis un escargot en voyage.

Six heures et ta voix se rapproche et vient sur un fil me caresser l'oreille. Je t'aime et, de loin, je sens notre étreinte. Je t'aime dans ma demeure.

Notre amour : une gondole de papier, une lampe rose, des parfums étrangers. Tu viendras demain ou après-demain, que m'importe le temps puisque je t'aime. Je t'attends. Une certitude, une assurance s'est emparée de moi ; mon désir, mon goût de toi est immense. J'ai hâte de m'évanouir d'amour dans tes bras. J'ai le goût d'une longue méditation, d'une hutte dans la montagne, d'une rivière sauvage où me laisser glisser. Allumettes chinoises des légendes, allumez ma cigarette, je brûle d'amour. Le train de huit heures qui siffle s'en va vers le levant, la nuit soulagera peut-être ma vie d'attente.

Je viens de terminer un quatrième dessin ; ce sont de simples petits dessins à l'encre de Chine comme des rêves éclaboussés. Dessiner, c'est mettre des patins à son imagination, c'est réinventer les choses, les objets, c'est parler et dire à travers des formes, des ombres. Quand je dessine, rien n'est jamais préparé, ma plume va selon ce qui m'arrive de seconde en seconde devant la feuille blanche.

Mon amoureux s'en vient. Je suis nerveuse comme à un premier rendez-vous. Nous avons tellement à nous dire, tout à reprendre, à poursuivre. Je suis assise à la table des soupers d'été, dans le sous-bois. Les nuages sont partis en pique-nique ailleurs, le vent sert de portée musicale aux oiseaux. J'ai une clé de sol dans mes pieds. Quand je t'aime, j'ai du soleil pour l'été.

J'ai un corps de fillette. Je suis bleue marine, le foulard turquoise est ma seule beauté. Je serais une folle échappée en été. Mes chandails de laine gravés de perles dorment à la ville, l'hiver se cache dans mes fourrures, suis partie vivre l'été, ne sais quand reviendrai.

Es-tu en train de me mentir dans cette absence qui se prolonge ? Dans ces rendez-vous que tu me donnes et que tu ne respectes pas ? Que fais-tu ? Cherches-tu à me dire quelque chose ? Si tu tiens vraiment à moi et si tu soupçonnais de quelle matière mon cœur, mon âme, ma tête sont faits, tu arriverais en courant parce que tu risques de me perdre à jamais. Prends garde, mon amour. Si je décide un matin de dévisser mes talons, je peux marcher très loin. Je t'en veux à cette minute de tuer en moi tous ces beaux moments que je préparais pour toi. Je n'accepterai pas d'être déçue par toi une autre fois, de douter de toi.

Trois heures du matin, des gens parlent dans la cuisine, je me retire dans ma chambre, je me retire de tout ce qui est extérieur à moi. J'ai déposé mon tablier au seuil de la nuit.

Silence, silence, envahis-moi. On parle dans la cuisine, on parle trop fort... Silence ; je veux me draper dans le silence, je suis comme enfouie quelque part, je dois partir à ma recherche. Que me réserve le prochain matin ? Que me réservera septembre ? Que serai-je devenue ? Quelle couleur, quel mouvement aura ma vie ? Serons-nous deux ? Serai-je une planète ? Basculerai-je dans le néant ? Serai-je vivante ? Serai-je sirène ou pierre ? Je sens que je me retire... Je me demande si je ne suis pas en train de me noyer.

Malgré moi, de la fenêtre de ma chambre, je guette la route, le passage des voitures, ta venue. Je ne veux pas attendre mais tout mon être est en suspens... Je n'ai plus aucune énergie que celle de t'attendre. Je suis évanouie. Je ne peux plus rien faire, rien dire, rien écrire. Mes prunelles se voilent, mes cheveux pleins de nœuds m'emprisonnent la tête, ma gorge me fait mal, mes mains sont désespérées de ne pouvoir te toucher. Je me sens comme une princesse dans du cellophane.

J'éteins mes mégots dans un cendrier plein d'eau. Ce sont des noyades. Je n'ai même pas de peine, je suis déçue, écœurée, vidée. C'est comme une réponse de vie que je connaissais déjà, que je connaîtrai toujours. En souvenir de nos amours, un peu de silence.

* * *

Après avoir tourné la page (tout est dit dans cette seule phrase ; ce que j'ai ressenti, décidé, mis en action, une fois de plus pour sortir de la tristesse), je ne savais par où recommencer. Je veux m'en aller de ta vie exactement comme j'y suis entrée : être un beau mirage, une vision, un silence. Pas de cris, pas d'amertume, pas de scène. Je fus un papillon au cœur du mois de mai, qui devins femme entre vos bras, et je reprends, à présent, mon envol transparent. Vous n'avez pu tenir parole, mon amour, je vous aimais mais je suis grande à présent et j'ai de moins en moins peur de la vie.

* * *

Je voudrais parler de ma vie concrètement et j'en suis incapable. C'est chaque fois une histoire ou un conte poétique qui me vient pour dessiner sur les cahiers l'empreinte sensible de mon cœur.

Mon cœur, c'est un ballon de plage au-dessus de la mer, sur lequel sont inscrits et gravés par le sel les noms et les mots qui marquent ma vie. Mon cœur, c'est un jeu de serpents et d'échelles ; chaque instant j'y lance des dés de perles. Les points noirs qui gravent le nombre sont les secrets que nous réserve le destin. Perdre ou gagner, ça n'a plus d'importance, ce qui est important, c'est de jouer... Mon cœur possède différents tiroirs, certains sont ouverts, d'autres fermés, quelques-uns entrouverts, les autres barricadés.

Clé des songes, me feras-tu sans cesse découvrir qui je suis ? Un pied dans la mort, un pied dans la vie, je suis une boiteuse entre le plaisir et la douleur de vivre. Les bottines faites sur mesure me font mal aux pieds, je préfère danser avec une cheville cassée...

S'il vous plaît, anges de folie, un tapis volant vers Neptune, ce soir, en dernière demande... Ma tête me servira de parachute et mon cœur de filet, si jamais, un jour, le vent trop violent me faisait perdre l'équilibre.

Bonne nuit, mes livres, qui penchez mollement sous votre couverture. L'œil de ta folie en tête, chère Violette Leduc, me fut précieux, quand, certains soirs, tu veillais à mon chevet. Bonne nuit, chambre bien-aimée de ces saveurs de vacances et d'été. Bonne nuit, la douce, la chaude, un nouveau jour va se lever.

* * *

Dans le matin pesant, je descends la côte qui mène au lac où j'ai rendez-vous avec un metteur en scène. J'ai à lui dire que le vent de ma vie a viré de bord. Le destin m'a reprise et j'ai changé, ou j'ai dû changer mes plans. Je veux lui dire que je suis disponible, s'il a besoin de moi, pour son spectacle d'automne.

C'est dans ces pensées encore brumeuses (je n'ai dormi que quelques heures la nuit dernière) que je vais sur la route pavée, ma robe de danseuse de Degas, mes cheveux de nuit tirés, mon cahier sous le bras. C'est comme si je tenais entre mes mains ma vie entière, mon existence ; ce devait être cette allure-là que Violette Leduc avait, quand, pour la première fois, elle se rendit chez un éditeur. Je me sens fragile dans mes sandales, petite vers ce rendez-vous qui déterminera les mois qui viennent. J'ai le trac d'une débutante qui va demander un rôle. Mes yeux rouges parlent pour moi. Je viens comme toujours avec ma plus grande ferveur et mes promesses de fidélité. Je suis vaste dans mes désirs et à la fois d'une humilité sincère dans mes actions. J'ai en moi la démesure de l'amour pour vivre.

L'asphalte est chaude quand je reviens, je trouve un papillon mort de chaleur ; de ma main, je le cueille et, sur le miroir de ma chambre, je lui donne un cercueil. J'avais pris un envol, je m'y suis cassé les ailes. Mes ongles rongés, engloutis dans l'estomac, je dois réapprendre à rire, seule, sans rien devant moi que mon désir de vivre.

Cahier, cahier, écrin de mes pensées baroques, j'ai besoin de me ramasser dans mon être. Où est passé le solfège de mes onze ans ? Je servais le thé à mes amies sous les tentes blanches de nos draps. Nos seins dansaient à peine et nous faisions glisser nos bretelles. Chères camisoles de laine, vous réchauffiez nos corps d'enfant. Les boléros brodés et les robes à pois ; je me souviens, la mienne était bleu marine. Je dessinais, le menton appuyé sur le genou droit. C'était dimanche dans chaque saison. L'après-midi était notre messe, nous étions des enfants. J'ai perdu mon cerf-volant quelque part, par temps de grand vent. Il était bleu.

Mon nouveau rêve est un piano

C'est beau, que c'est beau ce soir; la lune en forme de balançoire est rouge, elle a mis sa robe de feu, elle se passionne pour la nuit. C'est la première fois que cette apparition m'est offerte. Un musicien joue.

Je sens ton corps entier et tu m'attires. J'ai déjà le corps et le cœur en éveil. C'est pour ça que je reste dans la pénombre à t'écouter. Je devrais dormir mais quelque chose d'indéfinissable me retient. Joue, je te regarderai.

Tu danses sur le piano, la musique est un orchestre, mais je ne vois que toi. Le pourpre de ton dos me fait languir doucement. J'ai un poignet de dentelle, je serais prête à le dénouer pour toi. Viens faire des tresses dans mes cheveux, viens percer à nouveau mon sexe, je suis de retour.

Nous nous sommes parlé, nous nous sommes écoutés, mais nos gestes et nos regards sont restés figés dans la peur et le désir des rencontres passagères et, tendrement, nous avons basculé dans le sommeil. Demain, tu pars vers les îles de sable. Souviens-toi d'un lit de bois volant dans la forêt. Mes draps blancs gardent leur secret.

J'aurai eu l'image de tes mains de cygne, de tes yeux perdus dans ton corps insaisissable. Tu m'auras donné de la chaleur pour les nuits à venir. Ton regard sur l'ombrelle se souviendra de toi. Une rose devient papier pour éterniser mon été. Je suis une romantique, une amoureuse éternelle, morte d'avance et en retard d'un siècle.

Il pleut. Mon pianiste noir est parti, avec, au fond de ses yeux, le couloir des arbres, dans ses mains douces, mes doigts dansant... Je recommence à aimer dans ma tête. Est-ce que je t'aime parce que tu t'en vas ? Tu me sembles un océan à découvrir. Si tu entends la même pluie que moi cette nuit, nous rêverons l'un à l'autre. Ton île inconnue, je la dessine à ton souvenir, j'entends ta voix basse et douce, je pourrai peut-être un jour t'apprendre à danser. Nous reverrons-nous ?

Je reviens d'une maladie. Pendant deux jours, je fus noyée dans un lit humide, mes cheveux, des algues noires déchirées. Comme une lépreuse, dans la noirceur et la moiteur de la chambre, je délirais. Dans mes rêves trempés de la nuit dernière, j'ai revu tous mes amants, dans une maison baroque, cachée, pleine de tapis, de fleurs, de sacs en cuir des Indes.

Je reprends des forces et je reviens au jour avec mon désespoir. Un musicien quelque part est parti et a emporté mon cœur au fond de ses mains. « Déshabille-moi, libère-moi, emporte-moi. Au milieu de la mer, au centre de la terre. »

J'ai éparpillé tant de douceur depuis les mois passés. Que m'en est-il resté ? Mes amours sont devenues des pissenlits de laine ; j'ai mal au cou de crier ma souffrance, mon sexe s'est éteint, il ne reste que ma main bleue qui devient l'écrin de ta présence fugitive.

Mon nouveau rêve est un piano. Comment se fait-il que tu respires aussi fort en moi ? Tu as le côté mystérieux de l'homme que je cherche sans cesse.

J'ai mal, j'ai mal partout. J'ai mal aux doigts, j'ai mal à la gorge, j'ai mal au cœur, au ventre, au sexe, au dos : je suis égarée dans mon corps. C'est comme si un serpent se coinçait dans mon cou. Je m'étais promis pourtant d'être une cavalière solitaire, mais le rêve que tu fis d'une Ophélie me ramena dans tes bras. Le souvenir que j'en ai est mon univers à présent. Il est comme déjà trop tard, toi, l'homme vierge entre mes bras qui caressa mes reins sans trop savoir comment ni pourquoi. J'avais un cœur de locomotive quand le jour se leva et, sous les saules du jardin, je serais morte à t'attendre. Peut-être n'est-ce encore qu'un rêve ? Mais de quoi vivrais-je ? J'ai si mal à la peau, qu'il ne me reste que mon esprit pour pouvoir supporter des ailes.

J'ai déchiré les photos qui m'unissaient au passé, j'ai sué les dernières caresses de mon chevalier célèbre qui m'a laissée, abandonnée... Je suis franche et fidèle. Je puis aimer démesurément. Pianiste, reviens-moi des îles avec des coquillages ; je prendrai le temps de les enfiler pour nous faire un hamac. Reviens-moi, mon corbeau d'avenir ! Connaîtrai-je un jour ta peau et ton odeur ?

* * *

Ma chambre, mon cahier, ma pensée vers toi, ce sont mes valiums. Je pose mon corps dans mes draps de satin, des bas de laine blanche des chevilles aux genoux, je t'écris. Et je reparlerai de moi et de mes amours. Les autres, où sont-ils? Ceux et celles qui vivent avec moi, autour de moi? Ils sont partis souper en d'autres terres. J'ai préparé leur panier, j'ai même parfois tartiné le pain, mais de loin je les regarde s'en aller pique-niquer et moi, dans mon bocal de verre, je suis une sirène prisonnière.

Je suis perdue par l'envahissement de mes rêves, j'ai la sensation depuis quelques jours d'être enceinte. Un enfant joue sur mon corps et il ne faut pas. Demain matin, dans un bocal à cornichons, je déverserai le sirop jaune de mon corps. Négatif, négatif. Test, viens comme une armée pour soulager ma défaillance... J'ai bien assez de mon cœur en attente, de ma tête en voyage; s'il fallait que mon ventre se prolonge dans ce passé que je vide à chaque seconde de l'été!

Enfants, éloignez-vous de ce berceau. Les barreaux sont cassés, vous pourriez tomber. Je n'ai pas trouvé le grand amour qui pourrait vous bercer.

Il pleut dans la forêt. Des amants se quittent, le profil blanc de m'amie Lou s'est refermé, que puis-je faire? Il me reste à lui dire que la rivière de notre maison se remettra à couler. Le gravier mouillé effacera les pas de son bien-aimé. Une fée pleure devant la fenêtre. J'ai le cœur endolori. Ma main sera brève. Tristesse d'amour, pourquoi vous acharnez-vous sans cesse dans l'âme et la tête des femmes de maintenant? Sommes-nous nées pour nous brûler éternellement?

Des fleurs s'évaporent dans la maison. Alors que nous lisions, Cricri et moi, les tendres billets qu'elle gravait à jamais dans notre cœur, m'amie Lou jouait du piano en haut de la côte, sous la pesanteur d'un toit de grange. Des fugues ou des sonates. Avec beaucoup d'amour, j'ai fait son lit, en laissant sur les oreillers blancs, l'empreinte de ma présence: un foulard bleu à fleurs d'or, une fougère tendre et une boîte de carton renfermant un collier. Puis, elle est arrivée, nous l'avons prise entre nos bras. Tout était dit.

* * *

Le lendemain fut une journée tellement vaste que trouver le mot précis pour la qualifier est difficile à choisir. Tellement de mots sont renfermés dans l'espace autour de nous trois. Trois grâces parées pour fêter leur naissance, leur baptême d'amour, d'union. M'amie Lou, Cricri et moi.

Journée, journée. Le jour est né, il est magique, le monde marche sur le gravier des chemins, les parfums qui transpirent de nos corps de femmes serpentent autour des arbres, s'enroulent aux sapins, l'encens de notre amour s'élève dans la forêt humide. Nous naissons amoureuses, vivons entre nos cils. Mais chacune portera, soit au cou, au poignet ou à la cheville un peu du souvenir, de la mémoire de notre jeunesse de femme.

Aujourd'hui j'ai soulevé le couvercle de mon bocal de verre, pour mettre le pied sur la terre mouvante. Et l'une de vous à mon bras droit, l'autre à mon bras gauche, je peux réapprendre à marcher.

Je suis votre déjeuner préparé dans le silence. Ce fut ma prière amoureuse. L'orange, le fromage, les fougères, l'eau qui filtre sont mes gestes d'amour.

Assises toutes les trois, après avoir abandonné nos chapeaux de paille, dans une maison d'après-midi, nous écrivons, ou plutôt décrivons dans nos cahiers, la beauté presque miraculeuse mais surtout nouvelle de notre rencontre et de notre amour réciproque de femme.

Nous sommes les bergères des nouvelles terres, nos clairières sont vastes et verdoyantes. Le troupeau que nous menons est en marche à présent. C'est notre vie qui s'avance, s'écarte et puis revient, dans le sentier déjà indiqué par le destin. Notre bâton de marche dans les pâturages, c'est notre cœur recourbé parce que déjà pesant de quelques larmes. Mais après la pluie, tout est tellement plus lumineux, plus vert. L'espoir est vert. Et VERT c'est non seulement la couleur, mais aussi le temps ou l'espace « vers » où l'on se dirige, « vers » lequel on avance.

Avant que s'achève notre été, nous sommes parties pour le pèlerinage de nos amours. Quand je pense à nous, c'est notre maison sous les arbres que je vois. C'est ton chapeau de paille m'amie qui devient un abat-jour quand la nuit sombre envahit ta chambre bleue. C'est ton lutin orange, Cricri, qui prend forme dans ton chapeau de plage et qui, de mon lit, me sourit comme une lune chinoise. Quand je me laisse glisser à la douceur de nos amours féminines, je sens la chaleur de nos vestes de laine sur lesquelles dorment *Colette* ou *Justine*.

Les nuits interminables que nous vivons. Les journées trop brèves comme si l'été avait passé en un seul jour. Nous avons eu, toutes les trois, la chance mais surtout l'amour qu'il faut pour nous reconnaître. Jamais avant maintenant, je n'avais compris à quel point c'était merveilleux d'être une femme. Votre présence suffit à terminer cette page. Quand je vous regarde, quand je nous regarde, il n'y a plus rien à ajouter.

Après avoir, comme dans les tableaux de la Renaissance, ouvert leur coquillage pour laisser flotter leurs corps enlacés les uns aux autres, les trois grâces se sont refermées. Nous avons eu besoin, après cet épanchement d'hier, ce flot d'amour qui coula toute une journée, toute une nuit jusqu'à la naissance du jour, de nous reprendre l'âme, le cœur, de retourner à nos secrets et nos silences. Je me sens évaporée, j'ai vidé le vase débordant de mes délires, en vous lisant mes pages. Je dois, du vide, reprendre les eaux.

* * *

Depuis mon lever, je cherche ma place dans cette journée. Je suis allée me promener dans le bois. J'ai senti l'odeur de l'automne prochain. Les mots déboulaient dans ma tête. Je suis revenue manger du miel, pour adoucir ma voix ; et c'est sur la balançoire que mon corps a fini par se calmer de cette recherche.

Je suis bleue tendre aujourd'hui, douce-pastel. Je me sens comme un parfum vague qui sommeille. Le ciel bleu me monte à la tête, je suis envahie, chavirée de douceur. J'aurais le goût de m'étendre près de toi, pianiste sombre de l'oubli, que tu me parles, j'ai envie d'un long sommeil avec toi. Reposer ma tête sur ton ventre, mes cheveux caressés par tes doigts. Je retombe amoureuse depuis quelques secondes à peine. Je suis assise sur mon cœur à t'attendre. Je veux t'aimer. Tu es le mystère d'une vie qui s'achève avant qu'une autre commence. Tu es un musicien solitaire à qui je veux donner les tendresses cachées de ces mois de patience et d'attente. Je veux semer en toi l'amour, doucement, avec recueillement. Que la terre dans sa prochaine saison nous prenne, je deviendrai fauve dans la pâleur de tes bras ; à nous deux nous pourrons peut-être passer l'hiver. Les amours poussent et meurent comme les arbres. Je suis solitaire et je commence à avoir froid. Je suis l'Enfant-Jésus de la crèche.

* * *

Une image de femme me revient. Femme de mon hier, de mes derniers jours d'hiver, de mon pas lent et cassé de solitaire. Le gris des journées de mars m'avait ramenée chez toi. Mon amie-femme de loin, ma veuve de dentelle, un soir d'anniversaire, ma panthère de ville, ma lampe tamisée dans la noirceur de mon âme de femme, je t'écris, pour me donner encore du courage, à mesure que file ma tendresse, parce que mes hanches solitaires dorment au lit humide des jours sauvages, je t'écris pour te dire, ce soir, que je pense à toi et que je t'aime.

Parce que mon corps devient l'Afrique entière, j'ai un grand, immense, vaste besoin de m'échapper... Je dois écrire pour laisser sortir toute ma passion. Je suis un paradis brûlant, un volcan, je suis en érection... Où sont les bras que je pourrais prendre ? Mes jambes d'antilope vont devenir infirmes, mes seins vont se faner sur un sexe endormi pendant trop de temps.

Ma porte accordéon se referme : j'ai trouvé une maison déserte, je n'ai rapporté de ma nuit presque blanche que de nouveaux espoirs. Sous ma jaquette pastel en flanalette, mon corps conserve les liens de cuir : j'ai à mon cou la tresse de nos vies, à mon poignet, une forêt nouvelle. Et brûle ma dernière cigarette, le crépuscule s'achève pour me ramener au jour. Mon crayon bientôt n'aura plus de sang. La plume dans ma boîte de pierre jaunira un jour... Je pourrais être l'encrier qui dessinerait nos chimères. Je suis une fée incapable de faire apparaître des caresses, ma baguette a perdu son étoile filante. Je suis un magicien qui rate ses tours. L'illusion n'est pas gravée sur ma vaisselle, j'ai un tablier à offrir et non à servir.

* * *

Huit heures du soir. Un ami me prend dans ses bras ; c'est comme s'il tenait une chèvre. J'ai réussi à verser quelques larmes, puis, sur la galerie, j'ai vu partir *Justine* à jamais soulagée. Sa beauté, son mystère se sont évanouis parce qu'il est difficile de supporter d'aimer ou plutôt de se faire aimer si passionnément... *Colette* me regarde à l'envers pendant que j'écris. Les raisins sur la table sont beaux, invitants. Les cerises, des bouquets déracinés.

Je referme totalement ma coquille. Les mots sont inutiles pour soulager ou comprendre l'envahissement de la tristesse. Être poète, c'est cultiver le jardin de ses souffrances. Ma mémoire est brève ;

quand j'écris, je me couche sur mon ventre. Je désire la saison prochaine pour ensevelir celle qui s'achève. L'été pour moi se termine aujourd'hui. Le trou de l'angoisse vient de s'ouvrir à nouveau. J'ai mal à l'âme profondément.

* * *

Je vais dans la vie en état de grâce, habillée d'une robe perpétuelle d'amour : je suis nue. Je porte à présent des sandales et même quand ma jambe devient mauve dans mes bottes, elle n'en est que plus nue et plus chaude quand d'autres mains me déchaussent. Mon visage n'a pas encore trente ans, pourtant mes cheveux brûlent dans la nuit. Mes mains blessées crient au secours. Je porte ma première bague de fiançailles depuis l'âge de quatorze ans. Quarante-quatre saisons m'ont tuée et ranimée tour à tour. Je suis devenue un poète égaré dans les villes.

Mon cœur a ses raisons que je ne veux expliquer. Il est fait d'avenir et de tourmentes ; il est un oiseau, un voilier. Il est en ce moment dans les mains d'un pianiste ; c'est un grand, un merveilleux rêve qui continue. Tout ce que je sais c'est que je t'attends pour t'aimer. Mes yeux bâillent dans le cri des corneilles, toi tu passes dans ma tête et m'accompagnes dans mon berceau solitaire. Dans mes rêves, je dors au pied de ta fenêtre, je suis la sentinelle de notre secret, de ton repos. Je serai toujours franche et fidèle. N'aie pas peur de moi, je suis l'amour.

Comme si j'étais dans une église au fond des bois, j'ai revêtu ma robe de communiante au seuil de la nuit. Une fois de plus, je suis une somnambule sous les étoiles.

J'écris chaque jour dans mon cahier ; c'est plus qu'une fidélité, c'est une question de vie. Il ne me reste que mes mots, ce sont les seules faveurs qui me sont accordées. Écrire mon chant d'amour. Et je devrai t'écrire à toi puisque tu es la flamme qui vacille, quand, chaque fois, je reprends ma plume. Je suis un peu désemparée, je sais que parfois je suis fragile, mais ma folie ne m'a jamais fait débouler, elle me donne des ailes.

Je suis comme un ange qui passe au-dessus de ton visage, au-dessus de ton village. Quand je te frôle discrètement de mes ailes, je te vois qui relève un peu la tête. Tu marches dans le sable mouillé d'une dernière vague. Ton pas se trace et disparaît aussitôt, emporté par une autre vague. Les yeux que je vois, je ne peux les décrire. Tu es une silhouette effilée dans la nuit, dans ma nuit de cavalière.

J'étais partie à ta conquête mais le pont-levis ne s'est pas abaissé au-dessus de la rivière ; je suis restée sur la rive à regarder dans mes yeux de ville, l'obscurité, le silence envahir mon piano-château, et les jours te feront disparaître. Je t'avais apporté un déjeuner. Je m'en retourne avec mon panier plein. Chaperon rouge n'a pas rencontré le loup qui voulait la manger. Adieu, amour, une autre fois. Adieu, adieu mon piano secret, belle tête envahissante, je n'ai aucun regret. Je dois continuer la conquête de mon univers, tes mains sans me toucher, m'auront parlé. Je suis une chèvre blanche ; je mange sans cesse de l'oseille, ces feuilles groupées par trois en forme de cœur. Je suis une chèvre qui se nourrit d'amour. Je n'ai pas peur du loup ni de la nuit. Je vis libre dans les bois et les montagnes. Je suis seule et sans troupeau ; une orpheline ou une enfant unique. J'ai dans mon sang, toute une grande famille, mais moi, j'avais trop le goût du voyage et de l'aventure : j'ai dû partir. Je suis une Ophélie dormant dans le lit d'un piano, je suis le poignet d'arbres à jamais gravé dans le cœur d'un pianiste, je suis la folie d'amour d'un homme qui vivait sur une île quand j'avais dix-huit ans. Je suis en réveil depuis deux ans, et je suis une amoureuse solitaire à la poursuite d'un rêve.

L'automne fauve de ma pensée

Je me regarde dans le miroir qui est l'envers du décor en ce moment. J'ai couché sur de la ouate mes yeux de chat, mon crayon m'a dessiné un œil marocain pour la nuit. Je suis beige et rousse, une tigresse. J'ai perdu mes griffes cependant, ou plutôt je n'en ai jamais porté ; j'ai la patte douce d'un chat ou d'un lièvre. Mon nez, une colline sur la terre... Ma bouche, une lagune des îles de sable rose... Mes yeux, deux olives noires dans le désert. Je me peinture de noir et de pourpre les lèvres, je me pose une bouche de geisha.

L'escalier enlacé autour de mes hanches, je descendrai, telle une cavalière de cuir, une cravache dans les yeux, la chevelure fauve. Amazone du noir, j'accroche mon âme pour un soir. Qu'est-ce que séduire ? À qui ça sert de parler d'amour ? De toute façon, à qui parler d'amour ? Mon carrousel ce soir veut être électrique pour en trembler de partout. Je veux enterrer un instant Chopin dans son piano. Je suis une belle de jour, une putain de nuit.

Écrire, écrire, écrire, le seul geste qui me délivre. Je vis ailleurs depuis quelques années. Mon passé est de satin et de velours ; mon futur transparent dans l'arc-en-ciel. Je suis un oiseau bleu. Un ventre de sable, un sexe en étang, des pieds sans frontière ; je suis en voyage dans une fontaine qui sans cesse est en mouvement. Je suis l'eau qui y tombe, qui y dort, et qui s'y déverse. Je suis couleur d'eau.

En écrivant ce soir, je me sens comme une girouette dans un châle et des bottes. Je me cherche, je cherche mon âme tremblante, ma poésie : elle se faufile, comme me fuyant dans ce présent simple. Aucune douleur se dessine. La poésie est tellement liée à la douleur de l'âme. Douleur de vivre. Je suis une femme. Assise. Des visages, des mots connus. Atmosphère de vie. Mes vingt-cinq ans auront la couleur d'une campagne. Deux grandes histoires d'amour au papier rayé de ma mémoire écrite. Vingt-cinq ans. Plongeon délicieux aux profondeurs de mon émotion. Mettre des voiles de soie ou de cuir sur ses hanches et pouvoir ouvrir son corps entier à la vie où que l'on soit, avec qui que l'on soit, pour aller voir ce qui se passe au fond de sa tête. Être un œil phosphorescent dans la nuit ; une luciole de couleur.

Je m'appelle nicotine et nuit blanche, muse et sauvage, amoureuse et fugitive, amazone et putain. L'œil noisette est encerclé de noir pour la vie ; je vis loin de l'Égypte des Pyramides et pourtant... je suis Néfertiti et Justine... J'aime la vie désespérément.

À présent, je vais me perdre dans la nuit, me métamorphoser en une somnambule échevelée à la poursuite du monde. Les rues, les trottoirs défaillent sous mes pieds, les néons m'arrachent les yeux, j'ai perdu mon rire dans le son d'une tempête. J'ai une maison blanche et muette qui m'attend. Mon corps est triste et je passe le temps à soigner ses blessures. Mon nombril est la caverne d'Ali Baba qui se referme. Les poignards des voleurs sont trop sanglants. Je porte mes seins en drapeaux de paix.

* * *

Visages impénétrables des femmes. Beautés presque irréelles figées sur papier par l'œil provocateur de l'homme. Femmes, terre insondable dans votre œil solitaire, je devine la crainte. Être belle et devenir presque intouchable. Déesses modernes qui étirez la jeunesse sous des masques de légendes égyptiennes, qui gravez sur la peau de fausses perles pour vous voir reines étrangères...

Où serons-nous quand des mains d'hommes briseront la chaîne d'or offerte que nous portons au cou ? Des turbans bleus comme des rêves nous emprisonnent la tête, nos bouches sanglantes noircissent de plus en plus. Et pourtant, nous devenons de plus en plus belles... Quel sera notre destin ?

Images de femmes, vous éclatez en moi comme les interminables voyages qu'il me reste à faire. Mystérieuse traversée que celle un jour de naître femme. Chavirer d'un coup tous les jupons blancs de nos adolescences, dénouer librement ses cheveux marqués des tresses de ses onze ans, s'en aller, souriante, ouvrir ses jambes pour la première fois ; puis le corps se perle soudain une seconde fois : la danse-amour est commencée.

Hommes, vous qui faites et défaites mes amours, sachez de moi ma douceur et ma tendresse. Je veux vous emmener plus loin que là où vous vous aventurez dans la vie et dans la souffrance d'amour. De toute façon, nous sommes solitaires, mais si nous pouvons nous parler et nous tenir la main, notre vie éphémère de terre sera plus belle. Je n'ai ni le goût des trahisons, ni le goût des douleurs : l'amertume et la vengeance sont des mots que je ne connais pas. Je vous serai toujours fidèle parce que je vous ai aimés, que vous soyez des fiancés d'hiver ou des princes d'été.

Évidemment mon grand rêve de cœur s'est un peu défait et l'automne que j'entreprends a la couleur de mes déceptions passées, c'est pourquoi je ne puis être que de passage.

* * *

Je suis redevenue une fille de ville. On quitte sa campagne en laissant des bouquets dans les chambres vides, un de ses chats restera sauvage parce qu'il n'a pas voulu accompagner sa maîtresse dans le voyage. Une heure de route, samedi tranquille des villes, des caisses que l'on ouvre, des paniers que l'on vide de ses souvenirs d'été, dire bonjour à ses marchands du quartier, un bain chaud dans sa loge intime et un premier show : être un témoin étranger avec des yeux mauves dans la ville sous la pluie.

Ma maison repousse dans tous les coins ; mes plantes en ont fait un jardin. Et doucement dans la nuit, alors que j'écris, les vagues, la flûte et une voix me bercent : célébration de la musique... Un plaisir, un lointain désir, un avenir d'hiver peut-être. Une musique sans visage me séduit et mon cœur à distance s'offre un autre bonheur.

Ma nouvelle robe de chambre de soie bleue me rend le calme et la volupté du silence. Une châtelaine rousse et bouclée veille dans la ville. Novembre, mon chat dort dans la chaleur de l'escalier. Mon cahier a déménagé de table. Assise en lotus sous la lampe blanche de papier, j'écris sur ma table de verre. De la fenêtre je vois le clocher de l'église illuminé ; ma première nuit en ville sera tranquille. Bonne nuit, chère comtesse aux nouvelles mains à l'image de tes lendemains. Pierres de ville à mes doigts d'ongles nacrés, je recommence à vivre.

Je porte des sabots blancs sur ma route de sable, le sol n'est pas mouvant. Des feuilles me poussent tout partout dans le corps, je me sens un automne de renaissance. L'automne fauve de ma pensée. Je suis une plume blanche qui frémit dans une boîte de pierre. Parfois je l'ouvre et je la referme. Ainsi va ma vie.

* * *

Comme tant de poètes, d'écrivains, d'artistes, je suis assise dans un café entre deux rendez-vous et ma main impatiente sur ma cuisse de velours a cherché la plume et le papier blanc.

Écrire parce que incapable de rester immobile. Traduire dans les mots ce que l'on voit, ce que le cœur vit ; cognac et cigarettes dans le soir qui m'enveloppe pour m'attirer dans la nuit.

Les mots sont difficiles à venir, est-ce le lieu public qui me gêne alors que, tout au long des dernières semaines, j'avais tout un bois comme pupitre ? C'est bien possible. Devenir anonyme en dehors de sa maison, à en perdre les mots et les images, et les visions et les symboles.

Je suis ensevelie, une statue de cendre. Les arbres de ma ville sont à l'intérieur de moi. Un chapitre nostalgique m'effleure discrètement, le temps d'hier est passé, j'en ai presque perdu la trace. Mon horizon est vaste et libre comme un désert où, quand je le désire, je fais naître des mirages. Les chansons se succèdent comme autant de rêves incertains. Les vases de nos chambres solitaires flambent dans la nuit. Il y a tellement à dire, qu'on n'en aura jamais fini. Les destins nous ravissent le cœur, nous sommes des écharpes dispersées aux quatre vents de l'amour, de la tristesse, de l'angoisse et de la peur. La foi est là comme un remède...

Et j'ai le goût soudain de faire l'amour. Est-ce le vin qui gonfle mon sexe ? Est-ce vraiment l'amour que j'attends, quand, dans le silence, j'entends la voix de ce musicien qui chante ? Ou est-ce encore un de ces rêves qui peuplent ma méfiance comme si je ne me laissais apprivoiser que par des événements, des rencontres lointaines et vagues ?

* * *

Une semaine dans la ville et je me sens déjà éparpillée. Si je ne me prends pas en main tout de suite, elle va me chavirer complètement dans ses désirs inutiles. Jeanne, qu'as-tu fait de ton âme, l'aurais-tu abandonnée dans la forêt de ton été ? Il faut que je m'envahisse pour trouver mon souffle. J'ai retrouvé mes doigts mais où sont passées mes ailes ? Je devrai rallumer mon oiseau-bougie afin de m'entendre et de m'écouter.

Je ne dois pas attendre d'autre personne que la femme qui s'éparpille en moi. Où suis-je ? Qu'ai-je fait ? Rentrer dans ma maison, baisser les toiles, boire l'eau nouvelle de ma vie, calmer mes délires, ranger pour le moment les espoirs inutiles, traverser le passage de cette autre vie : pensée fauve et turbulente de mes dérisions, de mes non-croyances, de mes non-passions. Je me retire parce que la vie extérieure me rend lourde et sourde à moi-même.

Norma, ma jumelle de pierre, ma déesse au chevet de mon lit, veille sur moi. Comme toi, je veux me coiffer d'un anneau d'or et les yeux vers l'horizon, devenir intouchable, impénétrable.

Je suis fatiguée, écœurée de me laisser toucher par les voluptés basses et inutiles de la vie de tous les jours. Je veux me nourrir de céleste et d'aérien. Méditer non seulement au cœur de la nuit comme maintenant, mais dans le jour, même en pleine ville, dans mon auto, sur les trottoirs et dans les bars. Femme, reprends ta main car elle t'échappe. Au fond, j'aurais besoin de m'évanouir, pour tout oublier et recommencer. Je me sens trouble et fragile. Où est passée ma ferveur d'avant ?

* * *

Les semaines d'automne filent, filent. Je n'ai jamais eu autant de temps à moi et pourtant le temps me manque. Je vis seule, pas cloisonnée cependant. Je déambule dans les rues, dans ma vie. Je suis le contrôleur de ma destinée. Je suis venue d'ailleurs un jour pour vivre ici. On a appelé ça la vie humaine. Le portrait qu'on faisait de cette vie, dans la bible, était ou devait être tellement beau et radieux d'amour... moi, j'ai vu tant de souffrance et de pauvreté dans les villes et dans les âmes, que j'ai compris que cette vie-ci n'était qu'un passage, et c'est alors que ce sont ouvertes les grandes portes des vies antérieures et des autres vies célestes.

Il pleut, il pleut sans cesse depuis une semaine comme le déluge après l'été. J'y lave mes souvenirs et mes derniers et fous espoirs d'amour. Je vis seule à présent. Dans mon lit ne dort aucun amoureux ou fiancé ou amant. J'ai toujours le goût de la conquête et j'ai besoin d'un chavirement pour ouvrir mon lit. Mes draps sont retombés malades comme l'hiver dernier à mon retour de voyage, j'ai dû les changer. Maladie exotique qui fait taire et ensevelit le corps, éloigne-toi de mes nuits. Tu décides à ma place si je dois dormir seule alors que je veux être la seule geôlière de ma cage d'espérance et de défaites. Pour l'instant, aucun train, aucun bateau ne passe dans ma nuit. J'attends docilement les heures de promesses et d'étreintes. Mon cœur est devenu gris comme ma ville, mes oiseaux sont définitivement partis. Je reste présente à mon passé dans le son d'une source courant dans la forêt. Mon eau est devenue un étang que lentement j'essaie de rendre claire en buvant de l'eau et en mangeant des fruits prometteurs. Mes yeux bruns regardent devant, mes cheveux nouveaux me suivent, mes mains sont des découvertes. Je suis grise et mauve pour l'avenir. Deux perles se disputent une réalité : celle de la soif d'aimer et celle de la longue solitude. Je me rends compte que je vieillis moi aussi, par le rythme de mon cœur.

Qu'ai-je à dire qui ne soit déjà inscrit dans chaque objet de ma maison, dans la respiration nette et précise de ma vie quotidienne ? J'apprends à me taire de plus en plus, la réflexion deviendra ma prière sans que je m'en aperçoive. Je m'épuise à déchirer les lettres que j'écris pour entretenir mes rêves.

Je deviens soudainement bouleversée dans un restaurant. Je me peinture la peau pour camoufler la nostalgie qui s'empare de moi. Je danse frénétiquement pour être présente dans ma liaison nouvelle avec la scène. Je suis la douceur de mon vertige vers la vieillesse solitaire. Je n'ai même plus la force ou la volonté de tendre la main à l'amour. Je l'espionne, je l'observe de loin. Je le vois passer parfois dans des visions antérieures fugitives ou dans un regard qui, tout de suite, va s'échouer dans la vague. Je me sens barricadée. J'ai oublié jusqu'à la saveur d'un baiser.

* * *

Matin, matin, matin, matin pâle de poudre. Matin de laine, matin en sabots bruns.

J'ai fait l'amour cette nuit. Comme une saveur oubliée et redécouverte l'espace d'un instant dans les bras d'un étranger. J'avais vu quelque chose dans ses yeux, une douceur dans sa main. Mais lorsque le matin s'est levé, tout était fini, et je prends mon café seule comme chaque matin. Je reprends le jour habillé de bleu, ma marche de bois dans la ville. Mozart m'accompagne.

Que veut dire faire l'amour quand tout s'évapore si vite ? Faire l'amour est une chose, et dormir avec quelqu'un en est une autre. Le réveil de deux corps qui ont fait l'amour quelques heures auparavant est un moment où si deux âmes ont à se rencontrer, elles se rencontrent dans la vapeur tendre des voluptés de leur nuit partagée. Mon matin avec cet étranger a été froid et muet : je me suis trompée. Tant qu'à être vraiment de passage, il aurait dû quitter la chambre la nuit même de notre étreinte. S'échapper en silence comme si ce n'avait été qu'un rêve. Il avait pourtant une intensité et une certaine beauté. Il est possible aussi qu'il ait eu peur en pénétrant dans mon univers propre et rangé : mon harmonie féminine dans cette maison. Les hommes qui viennent ici devraient se sentir en visite romantique pour pouvoir goûter ma vie de solitaire, sinon ils peuvent prendre peur.

La solitude est un beau, terrible château où je pourrais me perdre. L'isolement est important pour vivre avec les autres dans l'indépendance. Être autonome et responsable de soi-même. Partager avec l'autre la beauté de vivre, la beauté d'aimer dans le respect et la réalisation de chacun des individus.

Et en ouvrant mon cahier ce matin, je me retrouve comme avant, fidèle à moi-même. Je me redonne du temps. Je retrouve la saveur de mes matins. De cette musique du silence, de la réflexion. Je suis une belle solitaire qui a encore un grand besoin d'isolement pour effacer ses barrières et se renouveler pour l'amour. Je suis au centre de moi-même pour réapprendre à vivre et à aimer généreusement et totalement un jour. Mais il me faudra encore beaucoup de temps. Je suis maintenant et ailleurs en voyage intérieur pour comprendre et refaire ce que mes défaillances passées m'ont dénoué au cœur. La peur et l'angoisse font place à la sérénité à mesure que j'avance vers la connaissance de mon moi. Et je n'ai pas à forcer les étapes. Chaque chose sera au temps propice qui viendra. Je suis dans un avenir qui me fait signe. Mais je n'ai pas épuisé tous mes rêves.

C'est l'automne au cœur de la ville. Des canards gris, des canards blancs s'éternisent encore quelques jours sur l'étang. La montagne de ma ville est fauve ; et sur la table de bois, autel mortuaire des feuilles d'octobre, je m'attarde aux heures de soleil dans le milieu du jour pour écrire. Non point tellement pour parler, mais pour décrire la couleur de ce qui se trouve autour de moi, comme la teinte du dehors qui s'harmonise si bien qu'elle fait prendre à l'âme sa lumière et ses ombres.

Comme cette saison m'habille bien. Elle a et la pâleur de mes brumes terrestres et les cris rouges de mes passions en fusion. Chaque arbre, qu'il soit rouge, jaune, vert ou brun, est comme une peinture de ma vie. C'est un automne de silence que j'entends dans ma tête, lorsque le regard fixe du vide m'entraîne. Où que j'aille, avec qui que ce soit, je suis à la recherche de ce qui est au fond de moi. Je me suis donné un jour des titres de noblesse, il me faut régner à présent sur cette silhouette mauve qui sort de la nuit, fragile et secouée du délire de vivre. Mon souffle saccadé lance un appel à la petite fille endormie aux rêves lointains de l'amour. Je me vois en dehors et comme un peu irréelle. Je veux vivre la réalité du rêve ; comme le char précieux et céleste auquel je suis attachée, comme à un bûcher de réjouissances et de sortilèges à la fois, qui pourrait aussi prendre les routes terrestres.

En moi, comme un grand besoin de vérité, d'absolu. Retrouver l'essence première de ma nature, de mes vies, pour mieux savoir ce que j'ai à accomplir dans cette vie-ci et partager avec les autres. Quand je regarde les nuages ce matin, je sens que la terre tourne.

Hier, mon ami Wober et moi avons parlé longuement dans la nuit. Nous avons parlé simplement, ouvertement, sans complaisance, de choses importantes de la vie. Ce qui me revient de très clair ce matin en écrivant, c'est que, autant les gens ont besoin d'amour, autant ils en ont peur. Mon degré d'amour est tellement grand qu'il doit envahir souvent; alors le monde intrigué garde ses distances. Wober me faisait remarquer aussi que souvent je dépense de l'énergie à démontrer l'existence de mon âme en face des autres. Comme c'est vrai. C'est la seule chose, en fait, qui importe à présent, vraiment. J'ai tellement souffert de n'être pas considérée pour mon intériorité, qui pourtant foisonnait même dans mon inconscience, que je sens le besoin de la dévoiler sans cesse. Je pense que le silence que je m'impose parfois m'aide à libérer l'insécurité, celle qui fait que j'ai le goût de prouver, de me justifier. Je ne fais pas assez confiance à mon émanation personnelle. Je me vois oblique, je me sens oblique, mes grands espaces vastes et sans cachette ont peur eux aussi de se découvrir, de se déplier ouvertement et de faire voir ce qui est tracé.

Un jour, je suis née l'aînée. C'était à moi d'ouvrir les chemins, les barrières pour que j'avance, mes sœurs derrière moi, dans la vie. Elles suivaient de près, vite, avant que les portes ne se referment, les portes de l'amour familial. J'étais la première. Il le fallait. J'ai exigé de moi d'être toujours la première, comme une ordonnance, une obligation, un devoir, une soumission à moi-même. Mais je me suis retournée un moment pour regarder derrière. Était resté couché au berceau, au panier de l'adolescence des pensées, un rêve que j'avais oublié là, dans mon départ précipité, tendu vers la ligne d'arrivée. Alors, d'un côté, j'ai revu les champs en pleurs du silence et les rêves étouffés de nombreuses passions, et de l'autre, une ligne avec des mannequins rigides et sans visage qui applaudissaient. Et pour la première fois, il m'a fallu revenir en arrière, reculer pour pouvoir avancer de nouveau, avancer autrement.

Aujourd'hui, dans ce dimanche gris-bleu d'octobre, si j'essaie de me décrire, je dirai que je ne me sens ni une héroïne ni une comtesse, mais une écolière qui s'attarde à son cahier, qui transcrit dans son cahier, sur les lignes, au-delà du devoir, les mots pour comprendre. Pour comprendre que les étoiles d'or que l'on pourrait coller dans la marge du cahier sont inutiles. L'important, c'est de connaître, de savoir soi-même l'intensité et la sincérité de tout ce que l'on a mis à accomplir, l'expression, la création d'un peu de soi dans ce que l'on fait, dans chaque geste, chaque mot qui sort de nous.

Je me sens petite et minuscule devant la vie. J'ai la fragilité d'une page de conte de fée-amour dans un livre de guerre.

Il me faudrait pourtant trouver les mots pour faire renaître mes douceurs, mais l'inquiétude des semaines à venir, la nuit prochaine même me parsèment en dehors de ma tranquillité, de mes rêves. Quand je quitte la campagne pour revenir en ville, un peu de moi, beaucoup en fait, reste dans la maison, assoupi au bord de la rivière dans l'odeur mouillée des grandes herbes jaunes. L'automne de cette année m'a offert une nouvelle maison. Chaque fois que j'y reviens, je voudrais y rester ; pour étirer mes heures d'isolement.

Les paroles qui accompagnent la musique de ma nuit de rêves sont celles de Raoul. Cher Raoul, méconnu de mon petit être dans sa peur. Tu parles de *l'amour dans la vérité du quotidien,* du *désert de nos yeux lavés par la douleur.* Ta voix vibre, crie l'amour du cœur, de l'éternité ; plus je t'entends, plus je t'écoute, plus je te trouve beau et magnifique et si simple, sobre et profond à la fois. Toi aussi, de loin, tu m'enseignes la vie, la beauté de la vie.

Quand la fatigue me submerge, que mon énergie semble sucée jusqu'à sa dernière goutte, je voudrais me voir à mille lieues d'ici. Quand je regarde le bouddha blanc qui médite au fond des eaux de l'aquarium, j'appelle alors le désert pour y trouver le repos.

L'aigle bleu marine

Mon premier matin à Québec, mon premier café dans cette petite chambre d'auberge, ma première page qui s'écrit à cette table face à la fenêtre ; devant moi, le couvent des Ursulines se dresse dans le ciel bleu. À distance, à cette minute, je revis mon adolescence grise. À distance, parce que, aujourd'hui, je me retrouve de l'autre côté de la muraille grise. Grosse muraille, haute muraille qui nous barricadait, derrière laquelle nous avons fait tant de rêves, projection de nos désirs d'enfants assoiffés d'amour, d'aventure.

Combien de fois, à douze ans, quand j'étais pensionnaire, je me suis assise à la fenêtre du dortoir, pour imaginer ma vie future. Je regardais, j'écoutais ce qui se passait dans les maisons voisines, derrière le mur d'isolement, le mur infranchissable du couvent. Pour le traverser ce mur, nous nous ingéniions à faire basculer nos balles de tennis dans les cours. Alors, heureuses de cette découverte qui nous permettait pour cinq minutes de sortir dans la rue, nous revenions avec nos balles retrouvées et la tête chavirée de ces nouveaux paysages pourtant si proches de nous et si loin à la fois.

Et voilà que maintenant, aujourd'hui, quatorze ans plus tard, j'habite cette fameuse maison où je voyais de la fenêtre du dortoir des ombres d'hommes et de femmes qui faisaient soupirer mes délires d'amours, les délires de mes douze ans. À cette époque, je me voyais devenir artiste un jour et vivre, dans ces petites chambres, de grandes aventures amoureuses, romanesques, toutes à l'image de mes rêves. Et en écrivant cela, alors que reviennent à ma mémoire les soupirs de ce cœur d'enfant, je me dis que le temps passe peut-être, mais que l'âme ne vieillit pas. Le cœur a ses blessures cependant, mais la magie d'amour me hante encore, du sommeil au réveil ; et assise, solitaire, je me penche une fois encore sur le bouleversement d'aimer et de vivre. Je suis attachée au passé et je file en même temps vers l'avenir. Un avenir de cendre parfois où poussent quand même des fleurs exotiques : des oiseaux de paradis et des fleurs sans nom comme si elles n'étaient nées que pour moi, nées pour un destin éternel.

Je me sens isolée du monde à cette heure quand le miroir noir de la fenêtre me renvoie mon image : une femme en noir en train d'écrire, une lampe jaune sous un foulard fleuri, une chandelle qui vacille aux notes d'un piano, celui de Mozart...

* * *

Les musiciens sont arrivés. C'est comme si le spectacle prenait vie : la tente du cirque, de notre cirque, s'élève, les techniciens dans les cordages des coulisses installent les projecteurs, on place des décors et je sens au creux de mon ventre une joie vibrante.

Le théâtre beige nous reçoit; s'échafaudent les folles soirées que nous passerons à danser, à chanter. Mon cirque attendu, tu arrives par la grande porte avec tout le déploiement de tes sons, de tes couleurs et, une fois de plus, la vague d'amour du spectacle, de la scène m'emporte. Trapèze de la vie, je m'avance aujourd'hui, avec un rire dans les yeux. Je sens en moi comme les pleurs s'entremêler au rire. Être acteur, sensation presque inexprimable. Nous sommes les chiens savants du devenir. Notre numéro est éternel.

Les journées passent au rythme fulgurant des trains: le rapido express du cirque qui passerait de ville en ville. Délire de costumes, de danse, de rire, de musique. Fête, grande fête de la scène. Les coulisses sont un manège: quel métier merveilleux! Que le monde envahisse le théâtre. Nous avons besoin de cette vague de visages qui souriront. Belle magie aérienne et phosphorescente du jeu, de la scène, des costumes qu'on endosse, qu'on retire et en avant la mascarade folle de vivre ailleurs, comme en dehors de toute réalité, là où chaque parcelle, chaque fibre de son être pousse vers devant. Dans ce métier, il n'y a pas de plus grande joie que celle d'être sur une scène.

Et voilà que mon isolement prend une autre couleur depuis deux jours. Je retrouve mon énergie, mon enthousiasme. Conquête de soi, comme tu nous envahis parfois. Les émotions n'en finissent plus de pousser et pousser. L'hiver ne sera pas terrible, c'est ce que je sens à présent. Il y aura toujours du bleu au passage dans mon ciel de vie.

Belle petite ville, prends-moi dans ce premier matin de flânerie romantique.

J'ai perdu mon trousseau de clés ; j'ai perdu mes clés, toutes mes clés ; celles de ma maison de ville, celles de la campagne, celles de la maison de ma sœur, celles de ma voiture et celles de ma bicyclette. Disparition inexplicable. Que veut-elle me dire ? Qu'en ce moment je n'appartiens qu'à cette nouvelle ville où j'habiterai pendant un mois ? La découverte de cette disparition me bouleverse, me chavire et j'ai fouillé toute la chambre jusqu'au frigidaire : nulle trace... Trouverai-je les clés d'une nouvelle existence, d'un bonheur neuf ?

Ma première page de loge : je pense aux instants que j'ai passés en douce compagnie à l'heure du souper. J'avais une autre faim ce soir, celle du contact. Et une amie est venue réchauffer mon cœur, mon corps, mon âme. Don incroyable de soi que cette femme. Elle possède la clairvoyance de ceux qui aiment. Quand nous nous retrouvons pour ces instants qu'on appelle privilégiés, la conversation devient calme et lente et toute pleine d'intensité. On ne cache rien, la franchise nous réunit. Elle m'a dit, et je les entends encore, les plus merveilleux mots d'amour qu'une femme puisse dire à une autre femme : « Nous sommes faites du même bois. » Je te sens constante et présente et toujours là. Tu m'es un bien précieux. Tu m'aides à comprendre, dans l'amour, la souplesse et la douceur. Tu serais en quelque sorte le miroir féminin qui me fait savoir que je serai de plus en plus belle. Je laisse au temps le soin de faire chaque chose. Tu me l'as dit : « Il faut de la patience. » On décide, on sent une chose, mais tout notre corps marche avec ses anciens mécanismes. Il faut de la patience, il faut le temps pour arriver à vivre, à savoir comment vivre ses besoins réels, fondamentaux, ceux qui sont les plus vrais, comme cachés ou étouffés sous l'habitude, les compromis, les illusions, les béquilles de l'inconscience.

Et l'isolement que j'éprouve en ce moment vient de ce changement récent de mes perceptions. Petit à petit, mon corps et ses habitudes se taisent pour laisser parler et faire entendre mon âme et ma renaissance.

* * *

Trois heures du matin. Ma main fait une ombre sur le cahier: j'ai rallumé mon oiseau de terre noire à dessins blancs; mon dos fatigué se recueille dans sa robe de satin bleu. Robe nocturne aux harmonies d'un piano. Chopin me bercera parce que le soupir qu'on m'offrait ce soir s'est perdu quelque part dans la ville au beau milieu de la nuit.

Et je rentre au bras de ma sœur de scène, de ma sœur de vie: M'amie Lou. Et je mange avec des yeux perdus. Et je relis un peu de mon beau sage Del Vasto, mes doigts gelés, seuls et attristés se réchauffent à la tasse de pierre brûlante de café, au cahier gris de mes Mémoires et de mes mots qui s'étirent vers le petit jour. Pourquoi, autre et nouvel amour, avons-nous manqué notre rendez-vous?

Et tu es arrivé avant même que je finisse d'écrire cette question: « Pourquoi avons-nous manqué notre rendez-vous ? » Le mot rendez-vous fut écrit après notre baiser. Tu es entré et la porte qui se referma sur notre chambre scella en une seule nuit un grand amour. Cela vient vite, je te l'ai dit: j'ai senti que tu m'attendais, et à mon rythme je suis allée vers toi, en toi. Tu m'as conquise, transportée. La nuit blanche nous a fiancés. J'ai le goût du rire et de la tendresse à chaque instant où mes yeux, ma bouche, mes oreilles, mon nez, ma main, mon cœur, mon corps, mon sexe, ma tête, mon âme te frôlent : je t'aime déjà. De partout, j'arrive à toi, enivrée d'amour. C'est avec toi que je suis montée en calèche. Je redécouvre une ville et je fais la connaissance d'un amour et je prévois avec certitude qu'il sera grand, exceptionnel et merveilleux. C'est sans raison, sans loi. Nous avions pris rendez-vous il y a très longtemps. Nous voici côte à côte. L'odeur du monde nous enveloppe. Une cité florale nous habite. J'arrive dans notre temps pour t'aimer.

Il vient de partir... L'aigle bleu de ma vie. Il est neuf heures. Je ne me rendors pas tout de suite parce que le matin m'apporte la joie d'ouvrir les yeux, parce que j'ai tant à dire... puisque je l'aime.

C'est dans le murmure de son rire que nous avons mangé nos oranges découpées en forme de bateau. Ce sont les délicieux navires de notre réveil, dans ma petite chambre devenue aussi la sienne en l'espace et le temps d'une nuit blanche. Les fleurs nous y recueillent. Nous sommes en voyage de noce dans la ville. Une jeune chatte, cette nuit, a traversé le trottoir glacé en pleurant. Elle viendra vivre avec nous. Nous l'avons appelée Ursuline. À présent, elle dort sous le lit de notre amour. Tu m'as prêté *Le sourire au pied de l'échelle* d'Henry Miller.

« Je voulais que mon héros quittât ce monde comme s'en va une lumière. Mais non dans la mort. Je voulais que sa mort montrât la voie comme un phare. »

Que se passe-t-il en moi ? Depuis notre réveil, je suis comme stone, engourdie, en vapeur. Tu me parles de ta fille et remonte en moi le désespoir de la petite fille : la peur d'être seule, les anciens chagrins. Tout cela me revient comme une tempête, je suis fragile comme un coquillage. Toi, tu sens venir le vent, la tempête, et tu provoques ma vie. Quand tu me berces, j'épuise toute ma tristesse. Presque sans mots, nous avons tout compris. Et devant toi, je demeure bleu cendre et sans maquillage.

Tu m'as parlé de toi dans un délire. J'ai vu traverser ta mère, ton père, une religieuse, un frère désespéré, un géant, une tourmente, la folle, un musicien égaré, une petite fille dans un champ avec son père... Et des églises, des Caisses populaires, un grand dîner, un théâtre qui t'a saigné, quatre jours de guitare pour ta fille : des saisons, des années, des cahiers, des chansons, des pensées ; tourbillon, cascade, chute, volcan, éclaboussement d'étoiles. Tu t'es propulsé vers moi. Je t'ai reçu dans tout ce chaos. Et c'est à ce moment-là que tu m'as saoulée. Saoulée d'amour, comme si l'on se regardait pour la première fois. Je sais qu'il en sera toujours ainsi. Nous sommes des miracles. Nous sommes des guérisons de chairs et d'os. Dans nos veines coule une sève d'amour qui se renouvelle sans cesse. Je bois par avance toute ta chaleur et tes grands désespoirs. C'est comme si rien de toi ne pouvait plus me surprendre. Tout s'ajoute à la complicité et à l'intensité de notre amour.

Je vais me baigner à la rivière demain. J'irai retirer des eaux celle que j'ai noyée, tant elle a pleuré. Elle sera encore tout ensommeillée et humide, blanche et boursouflée. Elle va réapprendre à respirer. Elle va se refaire des yeux nouveaux. Dans une grande ferveur, elle va recommencer à vivre. Je t'aime comme au premier jour du Paradis terrestre. Nous sommes Adam et Ève qui se tiennent par la main. Nous chevauchons un aigle bleu sur la route céleste de l'arc-en-ciel. Nous sommes ensemble en voyage pour l'éternité. Une agathe en détresse se rendort dans un lit de sable. Rebaptise-moi, je veux retrouver mon nom.

Nous avons décidé de nous rendre à Xavallée. Notre réveil ce matin nous bouscule, nous mène à cette porte. Défi, passion, les jours qui vont venir débouleront vers Xavallée. Xavallée, c'est le nouveau monde, la nouvelle terre, le lieu d'amour. C'est ton grand rêve, c'est ta vie, ton illumination, ton désir. C'est maintenant que tu dois le réaliser, le mettre en marche. Moi, à tes côtés, en toi, avec toi, et tous ceux qui y croient et qui veulent y parvenir. Xavallée, porte ouverte sur l'amour. Xavallée, vie d'ici parce qu'elle vient d'ailleurs.

Tu es assis, tu penses, tu projettes Xavallée sur tes papiers... Je te regarde, je te trouve beau. La force est revenue dans tes cheveux, tu es le Samson du futur. Tu es un aigle bleu marine. Je t'aime.

Tes grandes ailes d'aigle bleu se sont effritées cette semaine ; j'ai dû refermer en silence la valise d'osier de mon cœur pour te laisser le temps de te refaire, pour ne pas souffrir à nouveau. Et je me pose encore cette éternelle question qui, une fois de plus, s'était évaporée dans la découverte de ce nouvel amour : serons-nous seuls, serons-nous seuls à jamais ? Je te seconde dans ta vie, mais serais-je capable de soigner tes blessures ? Je voudrais aimer à perte de vue, sans tenir compte de mes désirs et de mes besoins.

L'écriture a-t-elle le pouvoir magique d'éclaircir les situations et les émotions ? Que m'arrive-t-il cette fois-ci ? J'avoue être bousculée ; sans cesse, je passe d'un état à l'autre. Je n'ai pas de véritable tristesse, ni de véritable peur. Mes réactions d'amour sont bien différentes de celles du temps passé. En ce moment j'aime, comme au-delà de mes désirs, au-delà de mes besoins. Presque naturellement et sans secousse. Tu m'attendais, tu es venu à moi, et je me suis laissé porter, enivrer. Quand ton vertige est survenu, mes premiers instincts de peur et d'inquiétude étouffés, je t'ai laissé vivre sans rien te demander. Je suis redevenue silencieuse à moi-même sans aucune autre préoccupation que toi que je regarde vivre, que j'entends souffrir. Je n'ai même pas à me détacher de toi puisque tu l'as déjà fait. Une fois de plus, on me laisse en suspens. Quelles seront les suites de cette nouvelle défaillance de mon rêve amoureux ?

Tu as voulu croire que tu pouvais m'aimer, mais la vallée du passé te retient. La montagne nouvelle est haute. La route vers Xavallée est difficile, je ne sais pas si j'aurai la patience et la force d'amour pour t'attendre. Mon silence est ta guérison.

Jeanne... Bonheur s'en retourne vivre ailleurs.

* * *

C'est dans un silence chargé d'images, ma tristesse suspendue à mes yeux, à ma bouche et à mes mains, que j'ai défait ma chambre de Québec, ma petite chambre de saltimbanque de la rue

Sainte-Ursule. Quand mes plantes et ma chatte eurent pris leur place dans ma petite sous-marine, ma voiture, j'ai entendu mon cœur qui disait d'une voix presque désespérée: «et la vie continue...» Un mois de vie s'achevait et je m'en retournais seule, laissant dans cette ville l'homme que j'aimais, se perdre dans les bras d'une autre femme, son œil noirci d'alcool; laissant mes roses pourpres près de la lampe blanche, et, sur le mur du lit, la chanson déchirée de Raoul:

« J'étais bien trop loin de vous,
J'étais prête à vous rencontrer...
Sur le chemin de notre vie...
Vous arrivez à temps... »

Je cherche une maison comme je cherche mon âme: pour y vivre, pour créer le bonheur et l'harmonie.

Je m'en vais garnir l'hiver dans une maison proche d'une rivière. Rien ne m'arrêtera dans cet élan qui me fait quitter une fois de plus ce qui m'abrita et me berça hier et qui, aujourd'hui, ne me ressemble plus. Je m'en vais m'isoler à la campagne pour me refaire, me retrouver, me recréer. À mesure que cette nouvelle maison va vivre, je vais vivre à travers elle pour ensuite y recevoir ceux qui ont besoin de venir chercher l'amour et la joie: un peu d'éternité dans un quotidien de mots et de gestes.

Mon destin de solitaire se concrétise de jour en jour mais pas tout à fait comme je le prévoyais. Il n'est pas triste ni obscur; il s'achemine dans la vie telle qu'elle est avec la certitude de la lumière infinie toujours présente.

Mon cher amour, je voulais vous avoir comme compagnon mais je sais à présent que vous n'êtes pas prêt. Il faudra vous refaire aussi pour donner aux autres. Prenez soin de vous. Je vous quitte pour ne pas souffrir et pour vous aider. Je ne puis rien faire contre le désespoir, mais si la foi vit en vous...

Je suis en transit ; entre ma vie d'hier et celle de demain. Ma vie d'aujourd'hui, mon existence de maintenant, mon présent est dans des valises, des caisses de carton. Ma maison est dans le futur. Je suis de passage dans la ville pour repartir ailleurs. Je n'arrive même plus à dormir ; les heures de la nuit dernière, je les ai toutes vues passer, une à une, longues. Je suis une somnambule en voyage. Comme j'ai hâte de fuir cet appartement d'avant, laisser derrière moi toutes ces nuits, tous ces jours, pour renaître dans des matins neufs dans ma campagne blanche. Je veux une maison chaude pour mes amis d'hiver. Je pars retrouver dans le ciel l'étoile de Bethléem. Préparer la grande fête de la naissance de Jésus. Grande fête d'amour. La maison sera pleine de lumière et de musique. L'air que nous respirerons ensemble sera douceur.

* * *

Dans ma nouvelle demeure, je ne dors pas. Je n'ai pas retrouvé encore le sommeil paisible. Chaque nuit, je refais cent fois, mille fois, les rideaux, les meubles, les objets de ma maison. Et s'entremêlent tellement de choses à la fois. Là, c'est bien vrai que je déménage et non seulement de lieu. En moi, tout déboule et se précipite.

Presque l'hiver déjà, comme le temps a passé vite, comme le temps passe tout simplement.

Rentrer le soir de travailler et revenir en sa maison : se recueillir, s'y faire un nid d'isolement et de retrouvailles ; un berceau pour s'y reposer et voir descendre et passer les saisons sur soi ; lieu privilégié tant espéré et qui pourtant a choisi son heure d'existence. Il arrive au quart de ma vie comme une nouvelle moisson et cela au début même de l'hiver.

À vivre au contact du vent, mes doigts gelés sur les bûches, je ne serai plus l'être fragile et ouateux de ma douce vie passée. Nouvelle façon de vivre quand la nuit me ramène au logis de bonheur laissant au tumulte des villes le temps qui, souvent, nous chavire à nous faire tourner en rond, quand, désespérément, on cherche partout les présences de l'amour et des souffles nouveaux. J'avais assez gaspillé de temps. Pour apprendre, bien sûr, puisque cela m'a amenée jusqu'ici. Comme chaque fois, suivant l'instinct de mes appels je me retrouve ailleurs et je suis plus présente que jamais.

Je recompose ma vie de chaque instant. Je suis partie de très loin pour me revenir. L'amour est ma carte parlante. L'amour tant cherché, je le trouve au fond de moi-même, comme une perle rare. Don précieux et sans secret découvert par instinct. Et chaque jour met à jour cette découverte.

> « Et le jour où, fatigué de mes habitudes et dégoûté de mes désirs, je décidai de tout quitter pour ce pèlerinage, il ne me semblait déjà plus répondre à une exigence, à une obligation, à une dette, mais bien plutôt à l'appel d'un grand amour auquel on se rend comme en volant. »
>
> Lanza DEL VASTO

Je m'endors dans la maison qui me voit grandir.

La convalescence blanche

Stéphanie me regarde de ses beaux yeux verts, ses yeux en forme de demi-lune. Stéphanie, compagne de coton, née des mains de m'amie Lou qui la fabriqua dans le silence et l'isolement de ses dix ans. Depuis ce temps, Stéphanie accompagne les amis de m'amie qui sont malades. Aujourd'hui, elle se retrouve dans une chambre d'hôpital avec moi.

M'amie est arrivée les bras chargés d'un oiseau de paradis, de deux iris et de deux branches d'œillets chinois ; pensée d'amitié et de présence en ce soir où seule, au théâtre, elle ira jouer alors que moi, je culbute une fois encore dans la douleur de mon corps de femme. Que se passe-t-il donc en moi ? Cet événement qui surgit m'éloigne de ma maison, de mon théâtre, de mon sexe. Pourquoi ? Que veut-on me dire ? La fatigue me submerge, je n'arrive même pas à penser, à voir. Je suis anéantie dans l'incompréhension du moment.

Toute la nuit, j'ai été réveillée par des rêves ou pour des traitements : piqûres, prises de sang... Le jour se lève et je ne le vois pas, je l'entends dans l'obscurité de la chambre.

Soudainement, d'un seul coup d'aile, comme trop lourde d'émotion, mon regard se tend vers la fenêtre aux persiennes minces et effilées. À travers elles, je vois qu'il fait soleil aujourd'hui. Alors, toute la valse de mon âme revient. On pourrait presque entendre des violons et faire taire tous ces appels de médecins qui se font entendre par l'interphone. Tout haut, je parle comme parfois on le fait en rêve : « Comme il doit faire beau ce matin à la campagne... » Le gris-bleu des maisons voisines se mêle au ciel, tout ce bleu de vie me parvient à travers les fougères, les roses, les marguerites, les iris, les œillets japonais et cet oiseau de paradis qui perche au-dessus de cette clôture florale qui me sépare d'un monde, qui me retient dans l'autre.

Je veux que se termine le temps des partages et des bousculades. Ne me poursuivez plus de vos demandes, les tentations me transpercent trop quand je m'y attarde et que je m'y laisse glisser. Aidez-moi plutôt à prendre mon temps, celui de naître au jour de décembre entre mes cahiers, mes livres et mes pinceaux pour vaciller dans la nuit ronronnante de mes deux chats.

Je pense à eux, roulés en laine sur mon lit blanc près de la fenêtre. J'ai hâte de vous voir, de vous serrer dans mes bras, mes deux enfants, mes souffleurs de ténèbres, mes jeux de soleil et de vie. Novembre, Ursuline, orphelins des trottoirs arrivés dans la nuit pour peupler mon extase affolante et perpétuelle de solitaire.

Je veux m'en aller pour dormir en moi-même. Je me relève au secret de quelque chose d'indéfinissable encore mais qui doit arriver puisque je m'y prépare depuis tellement de temps. Je m'en vais en convalescence blanche, mon corps ne supporte plus les amours de passage.

* * *

Il est sept heures, mes yeux s'ouvrent à nouveau, le sommeil s'en retourne, le matin m'apprivoise. Les mots recommencent à surgir, la poésie se rhabille autour de moi... comme je me retrouve... enfin ! Je me retrouve : l'essence même de ma vie. Je pense que j'ai plus à dire, à écrire qu'à faire avec beaucoup de tralala. Le chapiteau est le lieu qui me fait rire mais aussi mourir un peu plus vite chaque soir ; je dois sans cesse courir après mon souffle et faire revenir en quelque lointaine prairie de quiétude et de silence mon âme envolée.

On m'a donné un corps pour faire vivre mon âme ; je dois à présent trouver le lieu pour les harmoniser tous deux. Que sera ma vie future ? Je ne veux pas attendre 51 ans pour prendre ma place, mais peut-être me faut-il traverser tous ces pays pour enfin m'installer en ce lieu de reconnaissance de moi-même, pour livrer avec grandeur et plénitude ce qui est déjà là et qui attend son dénouement ? « Je suis à la conquête du royaume d'en dedans. »

J'oscille entre ma paresse nostalgique, ma solitude cherchée aux visions de *Colette* que je viens de terminer, et mes désirs sournois de femme mêlée, chavirée. Quels sont ces appels incessants, ces retours subtils dans ma retraite jaune quand je tire le rideau pour ne plus voir personne. Et soudain mon cœur se remet à guetter. Trouverai-je un jour le repos ? La véritable douce tranquillité du cœur ? Parfois, je m'aime ainsi, d'autres fois, je m'irrite. Tourmentée, voilà, je suis tourmentée. C'est ma peau, ma devise, mon habitation, ma légende, ma carcasse, mon arme contre l'ennui et la banalité. Si je l'acceptais simplement, comme tout serait facile ; mais il me faut sans cesse remuer les parois et les ponts des émotions qui surgissent. Je me vois défiler dans tant de personnages...

Je retrouve encore ce soir, comme hier, ce que je nomme « mes veillées de somnambule ». Je les caresse du bout de mon sommeil qui tarde à venir puis finalement je cède à l'irrésistible appel de la lampe, du cahier et du crayon. Je me dis qu'il faudrait dormir ; dormir... dormir... Je ne fais que ça depuis cinq jours. Mes forces reviennent, d'autres images naissent et je dois reprendre le long monologue intérieur qui, phrase après phrase, s'inscrit sur ce cahier.

Les fleurs qui parsèment ma chambre s'ouvrent encore à la nuit. Ma blanche, mon amie fidèle, ma sœur de scène, ma compagne de cœur, m'amie Lou, je l'ai vue l'autre soir dans ses yeux : une teinte de tristesse et d'attente. Je dois me bousculer, bousculer la vie, cette vie partagée de recul et d'avance qui me chavire, me harcèle. Attends-moi, ma chérie, je reviens. Je suis là, je serai toujours là.

Partagée, je me sens continuellement partagée entre le désir de m'enfuir loin de tout, pour faire vivre mes rêves, nourrir mes mirages, et celui d'être en fête avec ceux que j'aime. Toujours ce sont les événements qui font prendre le penchant de l'une ou l'autre de mes tentations. Il faudrait arriver à un mode de vie où les deux soient possibles à vivre en même temps. La solitude me hante cependant. Dans chaque lecture cela me frappe, ce sont ces passages-là qui s'accordent à moi. Et l'amour aussi, quels qu'en soient les mots, me bouleverse et m'entraîne...

J'ai eu une enfance heureuse. Enfance capitonnée de velours et d'émeraude, recroquevillée dans des jupons blancs d'organza. Deux menuets le dimanche au bras de mes sœurs, ainsi filèrent les années des contes et des légendes dans notre grande maison. Les cheveux poussent, des nattes se tressent, on va à bicyclette, chaque soir, pour rire de nos premières amours fleurettes. C'est chaque jour le temps des lilas. Le fleuve reçoit toute notre jeunesse. On pleure souvent sans savoir pourquoi. On grandit, et dans un pique-nique on fait l'amour pour la première fois ; on oublie même qu'on avait de la classe ce jour-là... J'ai le cœur asséché et ma tête pleine d'ivresse fait naufrage en mon sexe pour la dernière fois.

La nuit s'étire... Je rentre demain. Une sorte de métamorphose en moi, ce soir. Une pente plus douce. Je m'en retourne à la campagne, je m'en retourne à la maison. Mon hiver garni de deux nouvelles plantes, la tête remplie d'images, le cœur neuf aussi, mais distant. Je m'en retourne à mon royaume de glace dormir avec mes chats. Le bois brûle déjà dans ma rêverie chaude, le soleil se glisse déjà entre mes draps.

* * *

Cette convalescence, que j'entrevoyais presque de façon romantique, me ravage le cœur. C'est comme si je n'avais plus de racine. Il y a longtemps que je n'ai pas ressenti un tel désespoir. Comme si je n'avais rien à faire d'autre que d'attendre que le printemps revienne et me remette en vie dans mon corps, mon cœur et mon esprit. Cette nuit j'ai eu peur comme je n'avais pas eu peur depuis longtemps.

Je suis semblable au paysage : toute gercée dans le froid. Le ciel est bleu, la terre est blanche et l'entre-deux, la ligne d'horizon, le point limite où l'harmonie se fait pour l'équilibre et l'union des deux : brume, vapeur grise teintée de mauve. C'est à peine si on y distingue les quelques arbres qu'il y a dans la plaine. Le soleil est vaste ce matin. J'ai encore le corps tout enfiévré de ma nuit, de mon angoisse d'hier. L'hiver a passé, comme à chaque fois en chambardant tout dans son délire glacé. Je voudrais écrire, mais je trouve difficilement les mots ; encore trop de brume dans mes artères. Les pilules me rendent mêlée et muette.

Comme c'est curieux. J'ai le pressentiment de me diriger vers quelque chose, j'y vais par à-coups... C'est comme une longue réflexion qui se déroule en moi au fil des heures. Une longue réflexion, imprécise, sans image définie, juste l'écoulement des heures avec ses variantes d'émotions et d'activités. J'ouvre un livre, je le referme après un chapitre ou deux... J'écris, je m'arrête, j'ouvre la télévision, je la referme parce que mon esprit s'en va ailleurs. Je mets Mozart, je reprends ma plume.

Quel est donc ce temps qui passe ? Tout est tellement sans réponse que pour trouver enfin le sommeil absolu, le grand repos, la nuit devrait se faire interminable, presque éternelle pour que j'y vive ma vie entière et mourir au prochain lever du jour. Je n'ai pas d'attente précise et pourtant je sens que je me prépare à quelque chose ; mais à quoi ? Je ne saurais le dire. Étrange, voilà le mot qui indique le mieux ce sentiment qui m'enveloppe. Une chose m'apparaît bien tangible, bien réelle cependant : quand j'écris, je m'évapore tout à fait, je suis à l'aise dans cet instant d'oubli où, concentrée, je pénètre dans les profondeurs de ma réflexion.

Qu'est-ce donc qui m'anime et m'habite si profondément quand je sens l'appel irrésistible d'écrire ? Il me semble que rien ne m'est plus précieux que ces mots que j'aligne jour après jour dans la courbe de mon état de grâce. Grâce d'arrêt ou j'observe les silences et les mouvements de mon existence.

Plus je m'arrête, plus j'ai le goût de me taire, de ne rien provoquer. Laisser le temps se dévoiler de lui-même. Ne rien demander, n'être qu'une réponse à ce qui surgit ou vient à moi. Devenir beige, presque transparente, nue entièrement. Pâle comme un sourire immortel figé sur les lèvres. N'avoir qu'une seule et dernière phrase à dire : j'aime. Presque décolorée, sans plus jamais de souffrance. Avoir au bout de soi l'éternité dans la beauté gravée à jamais. Une somnambule vivante au centre même de la douceur. Attachée par la tendresse à la vie. Comme plus de passé et aucun avenir ; saisie dans l'extase transparente de l'instant, du moment. Comme déjà rendue au ciel. Comme morte enfin et éternelle de vie. Saisissons la nuit qui nous emporte dans cet ailleurs que le jour naissant essaiera de basculer.

Je me regarde dans le miroir. Le miroir d'aujourd'hui me renvoit l'image d'un prince. Il y a quelque chose de masculin dans cette beauté de soie et de dentelle ; dans ce visage maquillé. Ma nouvelle tête me convient et me change tout à fait. C'est comme si je devenais homme plus je deviens femme. Comme deux entités dans un même corps qui cherchent à s'identifier, à s'harmoniser. Chacune a sa place.

Retraite, conduis-moi. Ouvre-moi les fenêtres du passé restées closes ou que moi-même j'ai barricadées par peur ou par désir d'oublier. La maison va se refermer sur moi comme un chapitre se termine. Au printemps j'irai vivre dehors pour écouter pousser les fleurs. Je quitte un désert de poudre pour un jardin.

* * *

Comme si la poésie était mon seul calmant à l'insomnie, la seule quiétude à mon tourment. Je délire en silence dans la nuit. Rien ne m'arrête, ni l'heure ni le froid. Je rallume les cigarettes et la chandelle : j'écris comme si c'était ma seule survivance. Des centaines d'images poussent à l'intérieur de moi. Je suis sans cesse éveillée, mes visions m'accompagnent... Je renoue le lacet du passé. Dans un sarcophage reposent les cendres de milliers de roses...

Je veux revoir les îles pour me distraire et me guérir. L'hiver me ronge le dos ; j'ai mal. L'insomnie se prolonge. Une mer blanche dans la nuit soulève la maison. Je ne voudrais pas y mourir, je veux voir le printemps.

Comment tout dire, tout relater, sans omettre ou oublier chaque pensée qui me traverse le corps et l'esprit ? Tant de choses se sont éveillées en moi durant les longues heures de réflexion et de rencontres au coin du feu : dénouement multiple de vies, de recherches, de correspondance entre moi et moi, entre moi et les autres; hommes ou femmes, moi et les souvenirs, moi et les phantasmes, moi et les délires.

J'ai vu défiler bien du monde... Je me suis attardée parfois brièvement, le temps d'une image, d'une odeur, d'une sensation sur certains êtres. Relire une lettre reçue il y a longtemps, le goût d'y répondre mais n'en faire rien, puis reglisser mollement dans la rêverie de d'autres images. Mais aussi, parfois, me laisser submerger par mes univers anciens, soit des douleurs passées ou des extases enfuies, évanouies qui, lentement, font surface et resurgissent, me laissant désemparée, inquiète, parfois même angoissée.

Faire la découverte de certains fonctionnements, mais encore si minusculement que, dans tout ce flot d'images, de retrouvailles et de perceptions, je m'y perds, je m'y bats. À certaines minutes, je meurs, à d'autres, je reprends vie: la danse de l'existence; vivre et mourir à la fois. Apprendre du silence tant de choses que cela nous donne le vertige.

Et j'écris, j'écris, j'écris... il me semble que si je réussis à faire trois pages, je pourrai délirer ce qu'il me reste de pages. Réaliser enfin ce livre que, inconsciemment, je souhaite écrire depuis si longtemps. Me révéler, m'ouvrir tout entière pour pouvoir devenir muette. Je n'aurais qu'à tendre le livre et les gens pourraient lire mes secrets tout en leur réservant une part de mystère. Ils se diraient, je suppose: « Que se passe-t-il donc au-delà de ce corps féminin fragile? Qu'y a-t-il donc dans ce cœur douloureux qu'on lit et qui, de l'extérieur, paraît si heureux, si en vie? » Oui, car ma tristesse est à l'intérieur de moi. Tout ce qu'il y a de désespéré en moi est caché : un écrin mortuaire. Dans le geste d'écrire, je permets aux torrents nostalgiques de s'écouler.

Quand je reviendrai aux champs de blé dormir dans le hamac bleu, j'aurai ramené avec moi l'adolescente guérie, ranimée. La femme la prendra par la main afin de lui faire découvrir la beauté de vivre libre, heureuse. La fragilité soumise est terminée. Les sourires sont sans promesse, mais existants dans l'instant même de leur métamorphose en phrases douces, amoureuses. Le passé foudroyant de pleurs s'en retourne à l'abîme-fumée des oubliettes. Le voile qui masque le visage s'ouvre lentement. Je commence à parler, à le dire, à l'écrire surtout, et en premier instant. En première manifestation, en première délivrance. J'écris d'un seul jet et brusquement, pour parsemer la folie, pour que s'évanouisse hors de moi les fantômes qui nous font devenir vieilles, laides et méchantes avant le temps, avant n'importe quel temps, alors que nous nous devons d'être éternelles dans l'amour uni, éternellement libres d'aimer, de vivre. Chers fantômes de notre romantisme, de notre folie incorrigible, voici votre bouquet funèbre : une ode au souvenir, un tombeau littéraire à croix de fer orientée vers l'avenir.

* * *

Partez mes passions. Partez sans murmure. Le temps a eu raison de vous, et cela sans torture. Partez, passions pleureuses, vous faire bercer ailleurs, d'autres oiseaux habitent ces lieux. J'ai, dès aujourd'hui, mon mouchoir à la cheville. Adieu.

Deux pages restées blanches comme un secret, celui de mes infortunes, des délires perlés de mon corps. Je voulais partir à la conquête de ma liberté, me revoilà encore clouée sur un lit. Lit magnifique pourtant, tout en étoiles de coton parsemées de fleurs et de cartes. Lit qui habite une maison de tapis. Et un prince ami qui me fait sa cour, prenant soin de cette fille égarée dans la douleur de n'avoir pas été assez aimée. Le printemps pour moi n'existe pas encore. J'ai manqué sa main ; je suis restée derrière, le cœur s'élance entre les vertèbres ; j'ai mal de partout.

Un dessin inachevé ce soir qui sera impossible à terminer, parce que le printemps est difficile à colorier derrière une fenêtre alors que le soleil n'apparaît qu'à la fin du jour.

Nous, femmes, qui sommes-nous ? ou plutôt que sommes-nous devenues ? Semblables à des enfants nés entre deux générations d'hommes, nous grandissons sans racine. La terre dont nous sommes faites est encore vierge. Terre nouvelle, expérimentale. L'empire que nous possédons, que nous avons créé, cet empire spirituel, intime de notre être, est si nouveau, si désarmant que chaque instant vient nous surprendre dans cet envol. Comme sans passé véritable et dans un futur inconnu, incertain, nous essayons d'habiter au plus beau de nous-mêmes ce corps déshabillé tant de fois et qu'il faut réinventer, faire renaître. Apprendre son nouveau langage, recommuniquer autour de nous les gestes appris depuis des millénaires dans lesquels et à travers lesquels on cherche une saveur nouvelle. Continuer d'aimer mais d'une autre manière. Inévitable métamorphose qui s'impose, qui surgit quand le sexe bascule dans la pression du monde.

Mon homme, comment pourras-tu me trouver tant que je ne me serai pas trouvée moi-même? Seule, je me profile dans la nuit. Un matin, certainement, nous pourrons refaire connaissance. Pour cela, j'ai dû apprivoiser le silence et d'innombrables nuits, vestiges de mes folies. Mais j'ai tant de calme et de sérénité que le temps me semble fort doux au centre de ce délire permanent. Pourtant, je me dois de l'écouter, de l'entendre puisqu'il est la nourriture qui va me refaire. J'ai renvoyé mes rêves. Ma tête est si blanche que je puis à présent te lire sans indécence, sans amertume ni violence. Prenons le temps de se reconquérir.

Il y a des jours où je voudrais être longue comme une saison; celle de l'isolement. La saison blanche. Rester couchée un temps interminable, ne devenir qu'un murmure dans la chaleur d'un lit. Mais je suis poussée à devenir fugitive: un vol d'oiseaux. On dit qu'ils partent pour une noce; moi, je sais qu'ils vont vers d'autres terres. Sans cesse à la recherche de la chaleur, de la lumière, d'un peu plus d'harmonie afin de se reproduire. Ils vont s'aimer ailleurs. Mais on les voit toujours revenir parce que si l'on sait y faire, l'amour a sa place n'importe où. Il faut parfois partir et revenir de très loin pour renouer avec ce que l'on a déjà connu et qu'on croyait avoir quitté pour toujours. Je me sens sans frontière et je suis toujours en voyage. Mon corps est une saison blanche à lit découvert, à lit solitaire. Ma tête vagabonde, elle, se promène aux enfers, aux déserts, aux îles bleues. Je viens d'un autre temps pour m'apercevoir que je suis née ici, qu'il me faut y vivre, y mourir pour continuer ailleurs mon pèlerinage. Serai-je donc toujours de passage?

Pendant une semaine, j'ai regardé le fleuve. C'est tout mon passé, mon présent et cet avenir que j'ai regardés ; une fois encore : une noyade interminable, une tristesse assumée, une foi inébranlable. Aujourd'hui, même à travers l'herbe jaune et la brume qui défile, je me sens vivre. Je reviens comme un enfant prodigue. Je dois toujours aller vivre ailleurs quand j'entends du fond de mon être l'appel incessant des exils. Pour aller voir où j'en suis, pour aller me reconnaître en d'autres terres. Je suis de nous toutes, celle de passage et qui, pourtant, restera en vous bien au-delà du temps d'ici.

Dans le jour d'aujourd'hui, dans ce ciel gris-bleu éclaboussé de nuages, j'ai saisi de ma main incertaine des lunes roses, pour coucher ma présence et un peu de ma mémoire sur la table. Refaire un passé est impossible. Les esprits de nos rêves vagabondent, voyagent, se dispersent, se transforment. Je n'ai plus rien, finalement, à ranimer. Toutes les cendres se sont évaporées. Les désirs se sont tus. Comme si toutes les absences n'avaient existé que pour faire naître, apparaître une seule et unique présence : une statue blanche, immobile au regard fixé dans une sérénité impalpable, presque inexplicable. Attendre avec un sourire et des mains nouvelles. Je puis aujourd'hui offrir mes mains, étendre ces mains blessées que j'ai longtemps cachées. Je me retrouve en moi du bout de mon corps, de ce corps qui commence à s'aimer. Réapprendre à vivre dedans. J'ai commencé par mes doigts. Lentement, je remonterai à la caverne brune pour m'échapper en un cri de délivrance.

Je comprends que je ne suis plus en exil de l'amour. Ma préparation continue. La réalisation de cette harmonie n'en sera que plus belle et plus grande quand elle apparaîtra, venant me rejoindre et nous atteindre dans cette longue recherche que nous aurons entreprise. Puisqu'une âme sœur m'attend sûrement quelque part.

Jeanne... Portrait
28 ans

Miroirs

Les masques se décolorent. C'est un visage derrière un rideau de dentelle, silhouette beige, réelle, pure ; peut-être secrète. L'après-midi s'écoule dans un crayon noir sur une page blanche. Bientôt ce sera l'heure d'un autre départ. L'étrangère rose aux poignets perlés s'en ira. Elle aura appris beaucoup et peu à la fois ; car sans cesse il faut reprendre du tout début. Cependant, elle se sera apprivoisée encore davantage ; son sommeil est vivant, il n'est plus lourd. Ses rêves sont bousculés par le réel dans lequel elle veut vivre.

Elle portera de plus en plus de bagues puisque ses mains enfin ont cessé de saigner. Elle a guéri pour toujours l'angoisse de donner et de recevoir. Quand elle y pense... elle se dit que tout est possible, qu'on peut venir à bout de tout. Il faut y croire irrésistiblement. Après quelques jours de doute, d'absence au cœur de soi, son harmonie intérieure est revenue. Oh ! profonde douceur de l'âme ! Quand on marche sur de nouvelles terres, on rencontre au-devant de soi des gouffres profonds... on en ressort toujours meilleure, grandie, on avance, on apprend.

Mon père se meurt et je me souviens... complicité d'amour étonnante, intrigante, troublante. Il fallait cette rupture. Combien j'ai eu mal! Fuir tout cet appel de l'être. Il le fallait; pour vivre, ressusciter en quelque sorte. Sortir de moi pour revenir. M'y voici. Encore fragile, parfois incertaine, mais vivante. Il aura été l'essence de ma découverte, la haute aspiration, le terrible mélange de mon corps, de ma vie, de mon cœur et ses tourments, de ma foi, de mes délires.

Aujourd'hui, je m'en retourne, une autre fenêtre s'ouvre dans ma vie. Apprivoiser son temps; le silence, l'absence, la solitude qu'on creuse soi-même, qu'on se doit de creuser pour approfondir ses racines, analyser sa demeure intérieure. Je suis seule. Je le veux. Chaque jour j'en fais l'apprentissage. Je sens très intensément qu'un jour mon temps de vie, le temps de cet apprentissage fera que je pourrai me partager, échanger avec un autre. Je sais, je devine qu'un homme entrera dans ma vie, fera partie de ma vie. Il est quelque part à travers le monde, il se prépare lui aussi. La Destinée nous fera éclater dans tout ce qui sera nôtre, nous fera éclater ensemble dans tout ce qui sera nôtre individuellement.

* * *

J'écris... Je n'ai rien eu à dire pendant des années. Blottie au chaud dans mon rêve, je grandissais en âge: cinq ans, huit ans, neuf ans, douze, quinze... Mon bonheur était sans fenêtre, cloisonné dans l'inconscience et le demi-doute. Mes yeux-jardins regardaient pousser la vie: j'étais bercée par l'illusion. Cette illusion devint vaste, à la mesure de ma soif, de ma faim de vivre. Je ne rencontrais pas un seul divan qui ne me déshabillait pas: je devins une courtisane des villes apeurée, délirante, sans cesse inassouvie. De ces temps, j'en revins éclatée, éventrée, parsemée, brisée, morte un matin de délivrance dans la parole de mon père. J'ai pleuré, pleuré comme une enfant à qui on arrache un jouet; le plus ancien, celui qui éveille les plus vieilles joies. L'enfant écartelé en moi mourait. La femme en devenir, qui le regardait, pleurait avec lui. Et c'est ensemble, l'enfant et la femme, c'est ensemble qu'ils décidèrent de renaître. Ce fut lent, difficile, terrible parfois, exaltant d'autres fois, mais toujours grave, plein, parlant. Aujourd'hui, une route nouvelle s'ouvre devant moi. Je m'y avance sans peur, confiante.

* * *

Je reviens de voyage. Ce que j'ai à dire, je l'écris certains soirs de somnolence ou dans des matins de clairvoyance...

* * *

Premier matin dans la maison redevenue silencieuse. Je suis aménagée, installée dans ma chambre-boudoir. Me voici gardienne de mon nouveau logis, maîtresse de ce nouveau royaume, je commence ma nouvelle vie de ville après deux ans d'éloignement. Un an de vie à la campagne, un an de voyages, des valises, des chambardements, des remises en question, des découvertes, des réponses: me voici seule, étonnée.

Parlez-moi, mes âmes secrètes, revenez de vos oublis, de vos silences, ouvrez vos jupons, vos corsages; parlez-moi d'amour. Que puis-je faire sans cela ? Sans vos bouches entrouvertes sur les murmures, les baisers, les délires.

Je suis née d'un homme splendide. Mon âme nouée à la sienne a grandi dans le secret de nos confidences, dans nos soifs d'absolu, dans la certitude de l'éternité. Cet homme aux mille légendes a pris la main de mon enfance. Puis mon adolescence fougueuse lui donna des héros qu'il lui fallait taire.

Père de ma destinée qui souffle en moi tant de confusion pourquoi vivons-nous si loin l'un de l'autre ? J'aimerais que nos rues soient voisines, j'aimerais que dans mes matins mélancoliques je puisse t'appeler, courir à toi, et me bercer. Me bercer à tes histoires, tes passions, tes conquêtes.

Tu dois vivre ailleurs et moi ici. Alors, je relis tes livres, tes longs poèmes. J'entends tes spasmes et tes douleurs comme si elles étaient miennes. Sois encore présent à mes retours d'enfant prodigue, à mes retours d'enfant malade, d'enfant en larmes. Je me déguise certains soirs en courtisane mais j'ai du mal à aimer. Mon sexe a de drôles de manières. Mon corps est solitaire. Mon cœur en mongolfière voyage dans un *nowhere*.

Depuis des années, j'ai connu la douleur d'aimer. Cela m'a grandie et j'ai moins peur de la vie. Il a fallu la douce folie, la forêt, la campagne blanche et de nombreux pays pour me ramener à moi-même.

Me voici cendre et neige, lumière et berceau. Reine attristée, actrice en partance. J'ai envie de me mettre à nu et de tout révéler : que je suis une enfant attardée qui essaie de comprendre. Une fille en mal d'aimer qui commence à s'habituer. Des saisons entières me poursuivent de leurs rêves et j'en connais pourtant leur vérité. Suis-je une femme ou une fée ? Comme toi, mon père, je parfume d'un geste l'espace et la planète. J'ai fait du mal pour être née amoureuse. Que puis-je y faire ? Je ne peux jamais rester, je dois sans cesse m'échapper, mystérieusement attirée au-delà des gestes quotidiens : l'amour intouchable m'ensorcelle. Mes demeures sont au-delà de toutes les maisons que j'ai visitées. Une vierge du XXe siècle apprend à se parer pour des fêtes sans lendemain. Un cortège de femmes me précède. Ce sont toutes celles d'où je viens, desquelles je suis née : Marie-Madeleine, Reine de Sabbat, Juliette. Je les laisse pleurer, danser, se perdre. Je les regarde vivre et je vis à travers elles.

Mais parfois, je me sens si seule, si désemparée dans tous ces destins mariés au mien qu'il me faut écrire pour me soulager.

Écrire, c'est une liaison d'amour avec soi et les choses, et les moments et les gens. Écrire, c'est comme vivre une vie parallèle à sa vie de chaque jour ; c'est le vase purificateur de l'âme et de ses mouvances. Ma main écrite, c'est mon espoir de demain, mon épanouissement d'aujourd'hui. Main dépouillée d'une autre femme qui germe en moi.

Mes yeux papillons s'éteignent. Sommeil me parleras-tu du point de repère où je me trouve ? Deviens mon compagnon des rencontres nocturnes. J'ai un grand besoin de magie à cette heure. J'ai fait, je crois, ma dernière culbute dans une nuit vide. Reine de pique en naissance qui embrasserez-vous de votre nouveau devenir de femme ? Mon enfance m'orne la tête en même temps que ma jambe liée à ma hanche par le sexe se déploie à la cadence du renouveau.

Qu'est-ce qui s'interroge au fond, en moi ? Est-ce ma pensée qui bascule? Est-ce mon âme qui se perd ? Est-ce mon corps qui s'interroge ? Est-ce la passion, le vertige, l'évanouissement, la recherche, l'oubli, l'impalpable, le vide ? Personne ne peut guérir mon mal, celui de me vivre. Et ce mal, ce *nowhere*, cette confusion m'appartiennent. Il n'y a que ma folie, mon désarroi qui donnent de brèves réponses à cette femme éperdue dans sa nuit.

La princesse en moi est morte. Il me fallait devenir une Reine, vieillir, quoi. On me l'a demandé. Me voici au seuil. C'est terrible, incertain, difficile. Mais j'ai à le faire. Je n'ai pas le choix, je suis rendue à cette étape. Transformation, évolution, changement.

Aux amis qui viennent en ma maison et demeurent en moi, aux amants de passage qui repartent troublés sans avoir su m'aimer, aux amoureux sincères, délicats, fragiles qui m'apprivoisent doucement, à tous ceux-là je dis : je suis une courtisane. Mon temps, je le passe ainsi ; à la vie et à la scène, à aimer de bien des manières. Voilà pourquoi je n'ai ni mari ni enfants. J'appartiens au monde, à tous ceux qui traversent ma vie, qui pénètrent dans mon univers. Vous venez chercher ici ce que vous ne trouvez pas ailleurs. Mes heures sont à vous, longues et peuplées de visions, de paroles, de révélations. Je suis porteuse d'instants magiques. Sachez les prendre pour ce qu'ils sont. Mes instants sont sans promesses, sans futur précis. Mes instants sont les diamants du présent.

Je m'endors et l'enfant en moi continue sa marche. La femme s'apaise. Mon tapis navigue sous mon lit. Ma chambre se peuple de silence. Sommeil des métamorphoses... emporte-moi.

* * *

Ce matin, dans la rue, j'aurais voulu voir passer la caravane du cirque ; les longs camions peints avec des animaux, les longs camions de nos rêves d'enfants qui sont les symboles des grandes aventures, des autres pays, des voyages, des ambitions, des promesses. Symboles de la conquête du monde...

J'avais donc le cirque en tête ce matin. Pourquoi ? Est-ce le vent de la ville qui grisait ma pensée ? J'étais sortie quelques instants pour acheter du beurre, des œufs, un piment. Omelette du matin, omelette surprise qu'on mange dans son jardin de ville. J'aurais pu ne jamais revenir si la caravane était passée. Je me serais accrochée par-derrière et, dans ma robe verte, je serais devenue le drapeau-espoir des villages et des grands chemins. Mais je suis revenue quelques dollars en poche, un grand sac de papier dans les bras. Je souriais de ma rêverie enfantine, mes cheveux se déroulaient lentement. Il a été difficile à traverser le cirque infernal de moi-même. M'y voici. Je l'ai traversé avec ce profond regret que l'on porte sur soi. S'avancer et dire non à ce qui ne nous ressemble plus.

Comme un temps de panique. Je n'arrivais même plus à me souvenir du jour ; était-ce lundi ou fermi ou rallendi ? Écrire, écrire le pourquoi on veut évrire ; écrire son besoin d'écrire, c'est écrire sa tourmente, sa révélation, sa tension. C'est délier la peur! Voilà pourquoi j'ai toujours écrit. Pour dévaster les forêts sombres de nos délires, achever de mourir inquiètes et troublées, nous appartenir enfin.

Accrochez-vous à nos doigts de fée démaquillée. Nous retirons les roses, les pourpres pour signer de notre sève, de notre sang, le grand miroir qui nous a permis de venir nous rencontrer, nous reconnaître. Hier est passé nous rendant immaculées, dépouillées, prêtes à percevoir à nouveau les autres signes...

J'ai dépeuplé les arbres de mon enfance. J'ai goûté brindille par brindille à l'herbe fauve de ma jeunesse. Me voici en récolte. Le lait blanc et pur jaillit de mon sexe. J'ai envie d'aimer. Je crois que j'en serais capable. Dans le long voyage intérieur de moi-même, il y a place pour l'homme. Je le rencontrerai. Je n'ai plus peur puisque je suis souveraine à présent. La Princesse en attente a vieilli. Ma couronne de perles blanches est la boule de cristal de ma vie. Elles sont nombreuses les perles. Chaque jour, je les polis une par une. Elles vont devenir des joyaux. Ce sont toutes les aspirations qu'il y a en moi. J'ai déjà porté des colliers de perles au cou, à présent, c'est ma tête qui devient l'étendard du drapeau-joyaux de ma pensée.

Je suis de ton vivant, de ton explosion. Je prends corps à mesure que j'avance dans l'élargissement de mon dire. Je suis assise, parlante, mesurée. Je vais vers toi à pas de géant dans la contemplation de moi-même qui agis. J'apprends, je m'apprivoise, je m'assume, je me rassure moi-même dans mes troubles et mes faiblesses. Les « besoins » changent de territoire. C'est essentiel pour être libre ; et je veux être libre. Libre de moi-même et des autres. Libre d'aller et venir, me tromper, parler et aussi me taire. C'est l'érection de ma métamorphose qui se dessine. C'est la sève blanche de ma vie que je bois quand s'alignent mes gestes et ma pensée vers le changement, la mutation. Chaque page que j'écris s'efface.

Je meurs chaque jour avec volupté, délices, efforts, chagrin, attirance. Je meurs d'amour. Je meurs d'extase. Je meurs de douleur. Je meurs de désir. Je meurs sans cesse là et quand m'appelle mon être assoiffé, puis ivre de se laisser emporter par la vie. Non, je n'ai pas peur de mourir. Au-delà de la mort, c'est la vie éternelle. C'est le prolongement de l'essentiel, c'est le lieu privilégié, le paradis lumineux retrouvé, le dernier jardin, le premier, la connaissance de soi, l'éternité d'être.

* * *

Quelque part dans les villes muettes, des hommes s'endorment. C'est à cause d'eux ou par eux que je sais ne plus être la même aujourd'hui. Je suis descendue quelque part en eux pour m'y voir, m'y reconnaître et comprendre que vers l'amour je ne m'étais jamais avancée, que dans l'amour je ne m'étais jamais engagée : par peur, je continuais d'entretenir le rêve, alors je suis partie, je n'avais pas le choix. J'étais au seuil de moi-même, de la véritable révélation, de l'essentielle révélation de moi-même. J'étais à la veille de faire le plongeon au cœur de soi. Alors, je suis partie. Troublée certes, mais je suis partie.

Et j'avais ma coquille... C'était clair, c'était neuf. Je découvrais le monde. Des lutins lumineux dansaient au-dessus de ma tête. J'avais vingt-huit ans. Je découvrais la vie. Le rire refaisait surface, les larmes étaient devenues des diamants. J'étais l'orgasme de mon devenir.

Jeanne... Janvier

Le départ

Un peu plus d'un an s'est écoulé depuis mon départ ; le grand départ de mon moi-même. C'est sur une plage, entre des rochers de carton, du sable fin et ma pensée enlevée des villes, que je pris le large en moi. Prendre le large vers ce qui nous pousse à vivre, se déployer... Il m'aura fallu bien des chemins pour y parvenir à ce vrai départ. Les routes nombreuses me menèrent ici : présent blanc où se raniment ma passion, mon désir, mon amour. Le voici.

Il habite une maison close qu'il fera éclater bientôt. Il le faut. C'est une question de vie, d'expression, de prolongement. Il aura mis le temps qu'il faut pour être certain de ce choix, de cette provocation au changement. Il arrive au carrefour de sa vie, allumé d'une énergie si vaste... que...

Il ouvrit d'abord sa fenêtre ; une fenêtre sans vitre déposée sur le cœur : fenêtre sur cœur. Il possédait en lui cette possibilité. Il était une demeure pleine d'ombre et il voulait en sortir. Il cassa la vitre, il attendit, le regard projeté vers le futur, attentif, triste, surtout grave et secret. Sa peau pourpre creusait de grands cernes sous ses yeux magnifiques. Il avait pleuré pendant tellement de jours, tellement de nuits, qu'à l'aube de ce départ il avait marqué, inscrit en lui, une grande fatigue de quinze ans. C'était décidé à présent, il partait, il s'en allait. Regardant droit devant lui, laissant tout derrière lui, tout ce qui était larmes et tourments, cordes, algues du passé nouant sa liberté. Il partait tel un chevalier du Moyen Âge à la conquête de son propre défi de vivre, de se rencontrer, de se réaliser. Grande aventure, profonde mémoire aujourd'hui qui surgissait dans les moindres gestes nouveaux qu'il posait. Après des années de mort, il connaissait à nouveau l'amour, la vie, la joie, le rire : il était ou allait enfin devenir libre. Libre de crier, de parler, de danser. Libre d'aller et venir, de prendre son temps. Libre de se laisser porter, guider, séduire par les heures. Libre de lui-même, libre de tout ce qui l'avait coincé, étouffé, meurtri pendant l'apprentissage puis le déclin de son premier amour.

Il redevenait neuf, il aurait quarante ans dans quelques mois, il était un homme promis à une grande destinée, il était mon homme, celui que je venais de rencontrer. Nous étions donc en voyage. Le nôtre, celui de notre vie, de notre rencontre.

Chaque visage, chacun des jours, chaque heure portent notre amour. Il nous est difficile d'étendre ailleurs notre désir. Notre désir est de chair, de pensée, de cœur dans tout ce qui nous lie et nous relie. Quand il m'embrasse, je change de visage ; quand je lui touche, il devient quelqu'un d'autre. Et si l'on rit, c'est encore deux autres voyageurs qui naissent de nous. Sans cesse, toujours une métamorphose. Nous arrivons ensemble à faire vivre tout cette multiplicité qui existe, habite en nous. Nous la déployons.

Notre premier vaisseau fut une mongolfière. C'est moi qui l'avais dénichée dans les aspirations folles et magiques de mes univers intérieurs. Je lui en fis le dessin un jour. Il l'accepta tout de suite. Elle lui plaisait. Il aimait les mongolfières depuis longtemps. J'avais proposé un vaisseau aérien, céleste pour le voyage ; lui voulait s'envoler, voulait le silence du temps, c'était tout indiqué. Nous sommes partis.

C'est près d'une fenêtre que ça s'était déclenché, que j'avais vu. Vu que cet homme qui venait à ma rencontre serait non pas l'homme de ma vie, mais « mon homme de vie », celui qui me mettrait femme — au monde — pour la première fois, qui apprivoiserait ma peur d'aimer. C'est ça que j'avais vu dans un instant de silence après avoir beaucoup parlé l'un et l'autre. Je m'étais tue et je regardais la fenêtre. Le rideau de dentelle volait très légèrement. J'étais portée par ce qui se passait entre nous, ce qui survenait dans cette première rencontre entre lui et moi. Un rapprochement, comme une retrouvaille. Je m'étais tue, lui aussi. Je regardais la dentelle, la fenêtre ouverte, la brise, le silence ; puis j'ai tourné la tête vers lui. Et c'est à cet instant précis que, pour moi, je sus mon amour pour lui. Je plongeais en lui, je le reconnaissais, j'étais son amour retrouvé. Lui le sentait très certainement, mais ne le savait pas. Troublée, ma main prit le rideau de dentelle et je le mis devant mon visage.

« C'est mystérieux un rideau de dentelle. » Pourquoi, me demanda-t-il ? Parce qu'on distingue un peu à travers, mais on ne sait pas au juste ce qu'il y a derrière... J'ai souri. C'était l'image de cette grande histoire d'amour qui allait se vivre et se dénouer à travers de multiples circonstances, lieux, événements, paroles et gestes.

Une heure après, ou plus, dans ces moments-là on n'arrive pas à voir ou à sentir le temps, nous sommes sortis de ce restaurant. J'avais un parapluie. Il ne pleuvait pas. Il m'a prise dans ses bras. Je suis restée surprise, étonnée de ce contact si proche ; lui que je connaissais à peine... d'un seul coup toute ma résistance physique est tombée. Après, je me suis engouffrée dans un taxi, j'ai donné une adresse, la voiture m'emmenait ailleurs. Au coin de la rue, je l'ai surpris qui souriait.

C'était notre première rencontre et je l'aimais.

Le lendemain, nous nous sommes revus. Même bouleversement. Je m'étais habillée en blanc. Je tenais dans ma main quatre pierres, des figurines du Pakistan, je crois, représentant une légende. J'en gardai une pour moi, je lui en donnai une et les autres allèrent à deux autres personnes présentes à notre seconde rencontre. En venant aujourd'hui, j'avais serré dans sa main tout le long du trajet d'autobus ces pierres, talisman de chance, de fortune, de bonheur. Je savais déjà qu'il avait besoin de moi pour sa vie et que moi j'avais besoin de lui pour ma vie. Nous avions besoin l'un de l'autre pour l'éclatement de nous-mêmes. Nous avions été mis sur la même route... C'était inévitable. C'était à faire et nous allions le faire. Je le savais en arrivant ce jour-là.

Dans une petite boîte chinoise, je lui avais écrit deux lettres. Mes mots de visionnaire. Il avait mis ce présent dans sa chemise dans la chaleur de son corps. Déjà je pénétrais au plus intime de lui-même. Sur sa peau, dans le souffle de ses côtes. J'étais celle qu'il avait appelée du fond de sa mémoire d'amour. J'étais celle qu'il cherchait. L'instant était fort, ça ne faisait aucun doute. Nous sommes partis.

Nous sommes et allons à la même place ; dans la création de la vie à partir de ce que nous sommes réellement. Je te suis. Tu me suis. Notre âme est la même, nos corps se rencontrent, nous aspirons à la même ardeur. Nous sommes l'harmonie, en création tous les jours, à chaque instant.

« L'Harmonie », c'était le nom que j'avais donné à notre mongolfière. Le ballon était comme une mosquée. Un auvent en faisait le tour comme un chapiteau de théâtre-cirque. Le motif en était des vagues. Le panier était recouvert aussi du même motif avec une lune dans le coin droit. On ne voyait personne dans le panier simplement parce que nous étions tous les deux couchés au fond à s'aimer dans l'espace de ce grand voyage. La mongolfière était dans un ciel aux nuages pleins d'oiseaux. Elle s'envolait ou plutôt sortait du front d'un génie dessiné sur le bas de la feuille. On ne voyait que sa chevelure et ses yeux verts d'où jaillissait, au milieu du front, une flamme. C'était en fait le grand génie des Destins qui nous mettait en voyage.

Un jour mon amour, tu me dessinas les plans de l'intérieur du panier. Le plancher transparent était en fait un aquarium plein de truites que nous pouvions pêcher. Et tout autour, six espaces dont cinq représentaient les continents. Si nous survolions la Chine, eh bien ! nous étions dans l'espace-Asie et nous pouvions manger la nourriture du pays. D'ailleurs, je me rappelle que le soir où tu as fait ce plan, nous dînions dans un restaurant du Chinatown. Et à chaque verre que nous buvions, nous trinquions à un continent.

C'était magnifique. Le sixième espace était le nôtre. Il n'avait pas encore de caractéristiques précises. Il était à faire, à inventer par nous. Quelques jours plus tard, tu m'as glissé à l'oreille: « J'y ai installé deux hamacs, mon amour: un petit pour dormir, un grand pour faire l'amour. Debout. » J'étais émerveillée, j'ai ri et je t'ai dit que tu étais complètement fou. Je t'aimais follement.

Nous étions partis... fébriles, passionnés. L'attente avait creusé un désir large, vaste. La première fois que nous avons fait l'amour, nous ne nous en étions pas même parlé; cela était arrivé parce qu'il en était temps; quatre mois, je dirais, après notre première rencontre. Notre amour ce jour-là fut un immense rire qui s'étala dans tout notre corps.

Ça n'était pas la première fois que tu venais chez moi, que tu pénétrais dans mon lieu, mon refuge, ma demeure. Tu étais venu quelquefois me border au seuil de la nuit... comme une petite fille. Notre désir l'un de l'autre étant tellement aigu, nous avions convenu que tu ne viendrais plus avant qu'il en soit le temps.

Cette chambre, la mienne qui était la tienne aussi... mais ça tu ne le savais pas encore. J'avais gardé le secret sur cette métamorphose de mon univers. Ma chambre, mon lieu, avait changé depuis que je t'avais rencontré. Avant ta venue, je vivais parmi des tapis et des tissus persans entre les objets de l'enfance et les colifichets de l'actrice. Ma chambre était une loge de théâtre. Envahie, submergée par le passé. C'est dans ma démarche vers toi, en toi, que tout s'était soudainement transformé. J'ai tout repeint en blanc. J'ai vendu les tapis, j'ai dépouillé les murs. J'ai jeté le passé. J'habitais à présent une pièce blanche, toute blanche au plancher de bois bleu. Des plantes, une table de verre, trois œufs de marbre sur une peau de mouton. Un baobab près de la fenêtre, des miroirs, un lit de bois habillé d'oreillers, de draps blancs qui n'ouvrirait ses bras que pour nous recevoir. J'étais prête à attendre ce temps. Le temps de nous apprivoiser, de nous connaître, de nous réaliser. Le temps que ce désir, que cet appel que je ressentais si fort vienne en toi aussi. Moi, j'étais non seulement disponible à cet amour, mais j'étais libre. Je vivais seule, je n'avais aucune responsabilité familiale, ma vie amoureuse s'était tue. Tu venais de mettre ta vie au centre de la mienne... J'étais prête, j'en avais envie, je le désirais et en connaissais l'importance : je t'aimais dans le tournant de ma vie. Toi, c'était bien différent. Tu étais heureux que je sois là, mais tu avais bien des choses à faire, à régler avant de pouvoir laisser ton cœur, ton corps te parler. Je t'observais. Silencieuse, attentive. Je percevais bien que ta vie était profondément troublée, que ma venue te bousculait. Cela serait difficile à réaliser, il nous restait à le faire, nous y mettrions ce qu'il fallait : le temps, la compréhension, la douceur, la patience, la générosité, l'honnêteté. Nous désirions être heureux, mais non pas au détriment des autres. Nous le ferions étape par étape.

Mais il nous fallait pour cela y croire, en être certains. Moi, je me sentais forte, tout animée d'amour. Je n'avais peur de rien. Pour la première fois d'ailleurs de ma vie, je m'avançais dans l'amour sans bouclier, sans arme autre que ma flamme intense de foi et d'amour. Tu voulais depuis longtemps faire ce changement de vie. J'arrivais à temps pour t'accompagner dans cet instant important, capital pour toi. J'arrivais au carrefour de ta vie pour t'aider à délier ce qu'il te fallait voir : ensemble nous y étions.

Tu as une telle force de vie... J'ai toujours senti que tu y arriverais. Je n'en ai jamais douté un seul instant. C'est pour cela que j'ai toujours eu la patience et la joie dans cette grande aventure que nous vivions. Je respectais ta sensibilité, tes émotions, tes choix, tes décisions, tes hésitations, tes absences. Je savais que tu allais où tu devais aller, que tu faisais comme tu devais faire. Peu à peu, tu me donnais ta confiance. Je la recevais comme un cadeau précieux que je devais embellir chaque jour par davantage d'amour, de dépassement de soi, de recherche d'harmonie.

Le temps. On n'a plus de temps à perdre. Il faut prendre le temps de faire les choses. Le temps comme moyen d'action. Le temps présent. Le temps... Mot qui dit, parle de tellement de choses. Apprivoiser le temps, apprivoiser son temps. Le temps dans notre amour a été notre témoin, notre compagnon. C'est lui qui nous a fait comprendre, accepter toutes les circonstances dans la création, le développement, l'expression de notre amour. Cela peut paraître contradictoire, mais en même temps qu'ensemble nous vivions des heures où il n'y avait plus de temps, nous avions à la fois une conscience aiguë du temps. Le temps présent. Nous étions appelés vers un avenir mais nous ne vivions que dans le présent. Jour par jour, parfois même d'heure en heure. La situation qui nous séparait encore ne nous permettait pas de voir plus loin. Nous étions vraiment en voyage, voyage de vie, d'amour, voyage plein d'imprévus... C'est d'ailleurs cette situation à la fois très insécurisante parfois qui donna, je crois, la couleur réelle de ce que serait notre vie commune. Ne jamais définir ou prendre pour acquis. Renouvellement à chaque espace, chaque lieu. C'est ce qui permettait aussi des instants toujours vrais, réels, intenses sans jamais faire semblant. Une expression de soi à travers nous toujours libre et franche. Ensemble, nous faisions l'apprentissage de quelque chose de neuf : l'amour détachement. S'aimer au cœur, au centre, sans avoir constamment besoin d'être rassurés. Les anciennes preuves d'amour enseignées et qui se sont révélées inutiles à la réalisation de l'amour véritable, nous les avons basculées. Nous apprenions à le faire à mesure de ce que nous vivions. Toi, tu travaillais à l'autre bout de la ville, au nord. Moi au sud, j'écrivais ces pages. Le silence du téléphone, certains jours, accusait notre volonté de respecter le travail de l'autre. À cette époque, tu vivais encore dans l'ombre de ce destin qui était dans un grand chambardement, et moi je vivais dans la lumière du soleil de novembre. Presque chaque soir tu venais puiser en moi cette force lumineuse. Ta venue était pour moi aussi source de force.

Que de longues et belles soirées nous avons passées à parler, à manger, à rire, à jouer, à nous aimer ! À chaque fois, une teinte nouvelle : bouleversante, triste ou émouvante, gaie, joyeuse ou comique. Nous étions tour à tour, selon notre rythme, des amants, des fiancés, des jongleurs, des enfants, des oiseaux. C'est dans ces moments-là qu'il n'y avait plus de temps. Nous restions suspendus, la mongolfière glissait... vers notre éternité d'aimer.

Je te parle des voyages que j'ai faits... des gens que j'ai connus, aimés. Tu m'écoutes, tu pénètres dans ces pays où tu n'es jamais allé. Tu questionnes à peine, c'est ton front, tes yeux attentifs qui m'interrogent. Alors, je peux parler pendant des heures des couleurs, des paysages, des odeurs. Je descends en moi, je fais remonter du souvenir les vagues marquantes de ma vie. Je comprends de nouvelles choses, je m'ouvre à toi, tu me pénètres.

Toi, tu connais Paris, tu aimes Paris. En quelques phrases, c'est comme si nous y étions. On est bien. On y marche... Notre premier voyage dans l'imaginaire puisque nous sommes attablés dans un restaurant vietnamien de Montréal. Mais nous avons traversé l'océan par la pensée. C'est extraordinaire ce que nous découvrons ensemble.

Et tu m'entraînes dans les bordels. Je t'envie. J'aimerais y entrer pour vrai. Alors, naïvement tu me dis qu'il existe des bordels pour femmes avec des hommes dedans... des hommes dedans... Moi, les bordels me séduisent à cause des femmes. Je n'irai jamais voir un homme dans un bordel. Ça ne m'intéresse pas. Pour moi, le bordel fait partie de ma fantaisie, de mon désir érotique, et je n'aime l'érotisme qu'avec les femmes et l'homme que j'aime. Aurais-je déjà été prostituée ? Dans une vie antérieure ? Ça me fascine, ça s'interroge en moi. J'ai envie de déployer toutes les femmes qui habitent en moi. Le théâtre me le permet. Avec toi, mon amour, je pourrai les délivrer dans leur vérité, leur passion parce que tu vois, tu me connais et tu m'aimes. C'est là notre lien le plus fort.

Le temps d'ici vient d'ailleurs. Nous sommes des parties de ce que nous avons été dans les siècles reculés de nos nombreuses naissances. Il nous appartient de vivre cloisonnés ici ou déboucher dans les au-delà. Il m'arrive, de plus en plus d'ailleurs, d'avoir le sentiment très juste que j'ai déjà vécu telle ou telle chose ; de me retrouver submergée soudainement par une émotion qui m'apparaît étrangère et qui pourtant semble me concerner de très près tant je la vis avec ferveur, vérité.

Te voici et je renais, délivrée à jamais de cette terrifiante solitude. Tu m'as fait revivre, tu m'as délivrée. Aujourd'hui, je ne suis plus seule, tu es à mes côtés, et c'est dans nos solitudes partagées qu'ensemble nous allons mettre au monde les enfants mauves de notre destinée. Je t'aime du plus lointain de ma mémoire, appelée et rappelée en toi qui, ouvrant les yeux de la pensée et du cœur, un jour y vit une femme à mettre au monde. Me voici en éclatement...

Mon temps était venu. Le tien aussi. Le nôtre. Prends ma main, je serre la tienne, nous allons traverser les villes. J'ai grandi collée à ta hanche, mon sexe enfin s'est ouvert. Pénètre en moi plus loin que mes peurs passées. Tu m'as menée à l'état de grâce, tu m'as mise au monde dans ce que j'ai de plus beau : être une femme. Être une femme de partout, de mes lèvres à mes seins, de ma pensée à ma bouche, de mon ventre à mes mains, de mon cou à mon sexe, de mon œil à mon âge, et tout ça par le cœur. Chaque jour de notre vie présente et future, je te le dirai en t'aimant plus fort, plus loin dans le bonheur mérité de ce que nous sommes et devenons.

Je te suis, mon amour, je t'aime. Sois assuré de ma franchise et de ma vigilance sans cesse renouvelée. Créer au quotidien la magique fantaisie vibrante de la vie. Recevoir chaque matin comme une prière de louange pour tout ce qui vit. Aimer, étendre cet amour autour de nous. Donner.

Les voici qui arrivent, ceux qui vont nous le permettre. Ils ont mille visages, mille noms. Ils vont sortir de nous. Ce sont les enfants de l'amour, les enfants de la création, les enfants de nos imaginations, de nos ressources, les enfants de la lumière, du geste, de la parole, les enfants qui marqueront notre passage sur cette terre, les enfants mauves sont là.

Parle-moi de ta vie. J'ai appuyé les mains sur mon front en pyramide de prière et lentement je t'ai laissé remonter ma pensée, je t'ai laissé venir pour que tu parles de toi. Qui es-tu ? D'où viens-tu, mon Bel amour ? Je le vois le petit garçon guerrier qui chevauchait des baluchons...

L'enfance... nous y avions fait de grandes trouvailles, des trésors de vie, nous les avons ensuite cachés, enfouis de peur qu'on nous les vole. C'est comme ça qu'on grandit dans les villes. On grandit dans la peur. Alors, tous les joyaux du cœur, de l'émerveillement sont oubliés avec l'enfance. Et pourtant, à vingt ans, s'il reste encore du cœur, ça revient. C'est cela qui éclaire les heures de doute de l'adolescence...

Tu avais vu, petit, des cowboys sur un écran du samedi pour quinze sous et un sac de peanuts. Tu voulais devenir comme eux : un géant, un dompteur. Tu rêvais du désert, de grandes chevauchées... Aujourd'hui l'imagination est ton cheval... de bataille ; car tu dois te battre sans cesse pour arriver à crier que tu veux vivre, que tu veux continuer de naître. Je l'entends ce cri ! Il est le tien, il est le mien, il est celui de tout créateur. C'est par ce cri que nous nous sommes appelés l'un et l'autre ; c'est ce cri qui nous a réunis. On s'y est reconnus, de la même couche, de la même source, des mêmes aspirations. J'ai vu l'aura mauve qui émanait de toi : des lutins qui sortaient de tout ton corps, j'en voyais rire, d'autres pleurer, d'autres danser, chanter. Mes lutins ont alors rejoint les tiens... nos enfants mauves prennent forme dans l'amour que nous faisons exploser.

J'ai vingt-huit ans. Je n'ai pas d'enfant. Je ne sais pas encore si j'en aurai un jour. Ça n'est pas important pour l'instant. Je viens à peine de me mettre au monde. Nos enfants à nous ont une autre couleur, une autre substance que ceux de tout le monde. Les nôtres, ils sont mauves. Ce sont les enfants de la création de nous-mêmes à travers le moyen d'expression pour lequel le destin nous a choisis.

* * *

Mes seins se tendent vers ta bouche... comme tu les aimes, comme je m'élève très haut quand tu les pinces ou les suces. Mes seins nouveaux, aimés de moi pour la première fois... deux sphères solides et souples à la fois, volcans beiges de ma sensibilité de femme. Baise-moi encore, encore. Éjacule ton amour entre mes cuisses. J'aime être défoncée, projetée en dehors, catapultée plus haut, plus loin que cette chambre. Viens, creuse ton passage, remonte le cours de ma vie au fleuve de mon sexe, j'y avais caché quelque chose que je gardais pour toi. Toi, mon Bel amour, mon homme, ma vie, ma délivrance, mon éclatement de femme. Tu chavires les heures par tes baisers, tu t'accroupis sur mon ventre, tu me berces. Ta violence est belle, ta tendresse est belle. Elles sont épousées en toi comme une tresse qui me serre... et je jouis, je jouis à fendre mon interminable silence du passé. Alors le rire arrosé d'une rose-larme me ramène en mon corps, en la chambre. Mon sexe est une âme ailée quand tu m'aimes. Que c'est bon.

Quel jour sommes-nous ? Vendredi. Demain la neige ? Je serai ton hiver. Ton hiver blanc, ton hiver de bois, d'odeurs. Je serai ta femme demain. C'est sur ton sexe que ma langue trace cette promesse. Je t'aime.

Il fait chaud, c'est la nuit. Tu étais saoul, fatigué, écœuré, tu es venu ici. C'est ici que tu es venu te blottir, pleurer, rager, chercher du repos. C'est devant moi seul que tu pouvais étaler ta violence, ta colère. Je t'ai reçu, muette, attentive, disponible. Tu étais émouvant, drôle et secret. Tu as déliré en fessant dans les coussins, tu rageais contre quoi ? Tu ne m'as rien dit. Cela a duré une heure ou deux. Tu as dit être fatigué de te battre. Tu as dit vouloir être avec moi. Et tu t'es endormi. Pour la première fois tu basculais tout et tu restais à dormir ici, dans notre lieu. Tu étais exténué mon amour, tu l'avais mérité cette évasion de tes tourments.

C'est la nuit, il fait chaud... tu viens de t'éveiller. J'ai préparé les aspirines et un verre d'eau. Tu sursautes, regardes l'heure... non, cette nuit, tu restes ici. Ta douceur est revenue, tu me prends dans tes bras, tu me murmures que tu m'aimes. Et la longue nuit blanche commence... Nous faisons l'amour heure après heure, en riant, en criant, en parlant. Tu me soulèves, tu m'emportes, je t'enlace, je te suis, nous glissons en nos multiples royaumes sensuels, amoureux. Le lit devient un radeau, un océan. Plongeons délicieux maintes fois répété et toujours différent. Mon cul devient énorme, mes seins grandioses, ton pénis en moi de toute éternité... prolongement lent qui ne viendra s'échouer en une ultime secousse qu'au matin après un sommeil bref.

Nous parlons de l'homme, de la femme, de nos différences, de nos similitudes. Nous regardons nos corps, nous les touchons, nous apprenons à nous connaître dans l'amour feutré de cette chambre blanche. Tu as soif, une fontaine de jus de pamplemousse jaillit de la cuisine, je danse pieds nus sur les draps, tu me regardes, tu me trouves belle, je me sens belle. Et ton corps m'attire, me séduit une autre fois. À cheval sur ton ventre, mon regard glissera en toi doucement, doucement, doucement.

* * *

Je m'arrête d'écrire... pour y penser, pour savourer encore dans mon après-midi cette somnolence d'amour. Aujourd'hui, encore, tu es au nord et moi au sud, mais il me semble que jamais plus la ville ne nous séparera.

J'entends encore au creux de mon ventre: tu frappes pour entrer, je t'ouvre, humide, tu glisses en moi. Rien n'est aussi beau, n'est aussi bon que cela. Je voudrais fermer les yeux et ne plus écrire. Juste me laisser te retrouver en moi dans les spasmes qui m'agitent encore... Je veux dormir dans cette mémoire de notre nuit, je veux m'y reblottir...

* * *

Mon lendemain est chambardé... la maison déménage. Mon amie-femme avec qui je demeure depuis un an et demi s'en va ; elle change de lieu, d'univers. Au bras de son homme, elle va vivre dans une campagne. Son piano est parti ce matin, peu à peu les pièces se vident, les armoires, les tiroirs. Elle est heureuse, occupée comme une abeille qui construit sa ruche. Je suis contente de ce changement. J'ai envie de me retrouver seule dans cette maison. J'ai besoin que ce vieil appartement qui a connu tant de gens devienne le nôtre à présent. Maison transit avant que l'on puisse créer ensemble celle qui sera vraiment la nôtre. C'est nouveau ça aussi pour moi. Avoir une maison, y vivre avec l'homme que j'aime. Et dire qu'il y a à peine un an je croyais cela impossible... J'envisageais une vie solitaire décorée de liaisons amoureuses.

Partager ma vie avec un homme, j'en avais perdu le goût ; j'avais trop souffert, je n'avais plus confiance, une barrière dans l'enfance m'avait faussé le cœur... Je m'arrangeais. Je m'étais faite à l'idée. Je serais une actrice solitaire et heureuse agençant sa vie d'amour et son métier. Ça marchait. Guérie du passé je quittais peu à peu le désert d'isolement que je m'étais fabriqué au cours des dernières années. Je devenais une île, une oasis. Jusqu'au jour où je rencontrai le voyageur solitaire que tu étais. C'était donc possible d'être à la même place ? Sur une grève avec un seul désir. Prendre la mer, prendre le large. Partir à l'aventure de nos vies, voyager dans les heures... Et nous étions partis.

La mongolfière glisse... entends-tu à cette heure le battement de ses ailes ? Parce que sur mon dessin, je lui avais tracé des ailes serties de cœurs à la mongolfière: un oiseau de cœur au beau milieu du ciel. Alors, mon amour, entends-tu à cette heure le battement de ces cœurs ? Cœurs de cendre, cœurs de neige, cœurs d'hier, cœurs séchés, cœurs à vie, cœurs à corps... Notre planète s'en vient... J'y suis roseau des villes, princesse du centre-ville, amoureuse bleue. Tu es chevalier rose, prince-pirate des hautes mers, rivière de mon lit. Chuchote-moi des mots d'amour à l'oreille, mon oreille diamantée et lunaire, prends ma main au-dessus de la ville, emmène-moi au temple des découvertes ; nous irons voir le monde en parapluie. Nos sabots flottent sur la douleur qui observe le futur. Sois sans crainte, nous ne ferons pas naufrage ; le voyage s'annonce bien, l'avenir nous fait signe, suivons-le.

J'interroge ma table de verre comme une boule de cristal. Table, guide-moi, guide ma main sur la plume. Amène-moi les mots parlants, le dire, la phrase pour parler de ce qui vient. Des parfums dans des bouteilles, une plume de paon, des roses séchées... Univers féminin. Des immortelles au-dessus du miroir, une photo de mon père, des portraits de moi, de toi sur le mur de ma chambre... Il est six heures et je t'attends... Tu arriveras content, je le sais. Content de ta journée, content de te retrouver ici, heureux que nous soyons réunis à nouveau.

Moi, je serai pareille à toi, heureuse de ma journée, heureuse que tu sois ici avec moi. Retrouvailles, enlacements, baisers, rires, paroles. J'ai nettoyé la cuisine aujourd'hui, replacé les choses autrement, m'amie s'en va, tout change. Autre chose, autre décor, autre aménagement. Les déménagements sont les mouvances de l'existence... J'aime les déménagements. Ça bouleverse, ça empêche l'habitude... recommencer sans cesse, autrement.

* * *

Quel week-end nous avons eu... loin l'un de l'autre... Moi dans mon silence. Toi dans ton autre lieu, celui de ta vie présente et passée à la fois, ton lieu d'amour et de devoir, ton lieu hors du mien, du nôtre, mais pas exactement puisque notre lieu il est en nous, à chaque rencontre que nous vivons, notre lieu, c'est notre cœur, mon amour.

C'est au cœur du cœur de nos cœurs que nous avons eu nos retrouvailles lundi matin après ces deux jours interminables qui nous séparaient comme à chaque week-end. Ces heures-là sont longues, si longues... Lundi matin, dix heures, je te vois arriver de la fenêtre-bambou de ma chambre. J'ai mis du rose sur mon corps, dans mes cheveux, pour te dire que j'ai retrouvé ma joie : tu es là, mon aventurier, en canadienne beige, tes yeux sont bridés ce matin, mouillés. Comme tu m'as manqué ! C'est dans le petit salon que nous commencerons notre entretien qui durera des heures et des heures... tout le jour. Nous serons assis face à face à nous dire, nous parler, nous raconter. Nous nous en dirons beaucoup. De te lire ce que je viens d'écrire depuis quatre jours nous mettra sur la piste de nous-mêmes.

Tu ouvres tes besoins, tes désirs... tu m'aimes, mais tu as été prisonnier depuis tellement d'années, presque durant toute ta vie, que l'amour que tu veux vivre aujourd'hui tu le veux libre. Libre dans toutes ses parties... tant dans le cœur et la pensée que dans les lieux et les moyens de son expression. Tu me parles, je t'écoute aujourd'hui. Tu t'ouvres à moi. C'est précieux, important ce que tu me révèles sur toi. C'est une étape importante pour nous puisque, en nous, il y a aujourd'hui un homme et une femme qui s'associent face à face et se rencontrent : dévoilement d'eux-mêmes.

Tu es un solitaire, tu veux vivre en caravane, tu ne veux rien fixer, garder, tu désires plus que tout te laisser porter. Tu vas m'apprendre beaucoup sur moi. Mes désirs sont les mêmes que les tiens, mon expérience est différente mais je ne veux pas retomber dans les vieilles traces d'hier. Tu vas me l'éviter puisque tu vois clair et que jamais tu ne tomberas dans les pièges de la sécurité tant affective que matérielle. Nous nous entendons là-dessus, nous nous comprenons. Nous faisons le point sur nous, ce que nous vivons, ce que nous voulons. Je te vois au centre de mon devenir.

Ce jour-là, nous ferons l'amour d'une étrange façon, en nous observant l'un l'autre. Nous dormirons des minutes chaudes et bonnes. Nous nous quitterons à la tombée du jour : mon lit de sang garde ton odeur, je reste immobile dans ce départ tant de fois répété, tu viens et dois sans cesse repartir dans ton ailleurs. Je me tais, c'est aussi difficile pour toi que pour moi. Notre silence est notre force chaque fois.

* * *

Jours de silence, de douleur, de questions, de réflexion. Tu as demandé à ne pas me voir pour quelque temps, j'ai accepté, mais tout mon être a hurlé de peur. Il te fallait du temps à toi, du temps pour voir clair ; moi, j'avais perdu ma douceur, ma lumière ; l'impatience avait pris le dessus sur mon amour. C'est toi qui as provoqué, exigé cette séparation. Elle était nécessaire. Sans elle nous nous serions déchirés et nous nous aimons... Il nous faut du temps, chacun pour soi, à travailler sur ce que nous sommes. L'amour est là. L'amour doit nous rendre meilleurs, nous ouvrir davantage. Nous l'avions oublié dans les méandres des circonstances.

La neige est arrivée... à moi que m'est-il arrivé ? Je suis attablée dans mon dimanche, des plantes assoiffées devant la fenêtre de la cour... La neige tombe, tombe... je n'entends de la ville que le roucoulement des pigeons verts... Je pense que ce soir ma raison sera ensevelie sous la neige, étouffée et muette. Je suis quelque part, prisonnière de ma réflexion : femme mauve en pantalon de guérison vert, je m'interroge... prostituée de mes rêves, de mes folies, il me faut être battue pour que s'échappe mon cri libérateur... en moi l'homme que je n'ai pas été veut posséder la femme que j'ai toujours refusé ou que j'ai toujours eu peur d'être. Je suis écartelée entre le désir et la folie de vivre, d'aimer... Je suis en apprentissage d'appartenance et c'est de mes seins que viendra le jaillissement... Mon homme m'a laissée seule dans ce désarroi...

Le cri est étouffé à l'intérieur de moi : c'est entre mes cuisses que je l'ai coincé. Dans l'humide-sec de mon sexe de femme, dans l'accouchement retardé de mon ventre de femme. Il a fallu qu'un homme ouvre, traverse, perce cet écrin de peur pour me faire reconnaître mon bonheur. Parce qu'il est là mon bonheur, entre les poils tressés de mon vagin, il est là le passage du doute à l'éclatement... jaillissement de mon bonheur à la porte sanglante de mon sexe ouvert enfin !

Mon amour, tu es venu délier, délivrer, dévoiler ce qu'il me fallait voir pour me poursuivre. Dans le corps de mes seize ans, j'avais verrouillé ma porte d'extase... J'aurais voulu être un homme... Je suis bouleversée quand j'y pense...

J'ai besoin de ton corps pour faire sauter les barrières, les cadenas... Comprends-tu mon appel ? Je ne peux plus attendre, l'éjaculation de ma vie est commencée à présent, elle doit se poursuivre... sinon je vais éclater... je ne peux plus retenir, j'ai retenu, attaché, oublié trop souvent, trop longtemps. Mon homme de vie, j'ai été blessé de tellement loin... Je ne veux plus attendre. Pansement de ma vie, j'agonise dans l'espoir.

Je suis peuplée de demeures, de maisons aux différentes couleurs, aux multiples architectures : hutte du repos, labyrinthe mauve, cercle de béton, escaliers tournants... autant d'images qu'il y a d'émotions, de sensations qui m'habitent. Mes villages intérieurs sont à découvrir...

Celui d'aujourd'hui est traversé d'une eau nerveuse, bleue acier, bleue question. Je l'attends celui que j'ai aimé en automne, celui qui m'a fait pénétrer l'hiver, je l'attends. Où se pose son pied de neige ? Je l'attends, mais il n'arrive pas encore et c'est cette attente qui traverse mon village intérieur d'aujourd'hui. Mon village patient, mon village joyeux des jours d'avant tremble à cette heure.

« L'hiver de force » est là... Je le traverserai l'hiver... de force. Et ce sera à la fois un hiver de forces où je grandirai de cet amour éloigné et si proche, cet amour qui me coule de partout, cet amour qui me met au monde en moi, qui me met au monde à moi. J'y viens, en faisant éclater les doutes, en bousculant la peur... Aimer plus haut, plus loin, aimer plus fort que la douleur. Aimer avec un sourire et un regard vaste vers l'avenir dans le présent... Seule une autre fois, mais habitée très fort d'une énergie, d'une présence amour dans laquelle chaque effort, chaque difficulté témoignent d'un élargissement plus grand vers la délivrance et la réalisation de soi, détachée d'attente; débarrassée à jamais de notre longue maladie d'enfance: l'insécurité affective.

Mon berceau est loin et pourtant il a craqué tellement de fois en mon cœur d'amoureuse éperdue, violée par l'absence... En reviendrai-je guérie cette fois-ci?...

* * *

Cette histoire part de loin, de très loin. De bien plus loin, je crois, que l'enfance ou la naissance même... Cette histoire vient de si loin qu'il me faut commencer maintenant à l'écrire avant qu'elle ne se perde, ou simplement qu'elle ne me perde. Cette histoire, c'est une histoire d'amour. Une longue histoire d'amour sans vraiment de début et qui n'aura probablement jamais de fin.

Est-ce l'amour qui a envahi ma vie? ou est-ce mon amour qui a envahi la vie? Entre les deux, mon cœur vacille, ma tête frissonne, mon corps exprime...

Jeanne Janvier... en sortant du bain ce soir... Je me fais penser à une fille de calendrier... Jeanne Janvier... ronde comme une pêche, froide comme un melon... brûlante à l'intérieur pourtant. Seule une autre fois; je ne veux plus nourrir un rêve. J'avais pris naissance, peau dans cet amour, mais le temps n'était pas encore venu. J'écoute alors l'absence, je suis face à face avec moi une autre fois. Où me mènera cette nouvelle rencontre avec moi-même?

Est-ce mon cri, le mien, mon unique, mon départ, ce cri éclaté en moi ? La violence, la non-pudeur, l'acharnement, le corps qui propulse sa pensée... aux rythmes des musiques dans la noirceur agitée, c'est rouge et je chante...

J'apprends quelque chose que je ne sais pas encore, mais mon dernier sommeil tire à sa fin... Je me lèverai debout avant toutes les aurores mauves pour crier à mon tour : Frère écarlate, passager de la nuit, tropique de mon hiver mauve. De quel pays intime m'es-tu venu pour rallumer ma hanche ?

Frère du cri, de ma propre violence, de ma proche violence, muette, naissante, qui veut sortir.

Frère du lit et de la rampe, tu m'as fait quitter l'abri, je danse à présent dans mon sexe qui tremble.

Frère des grands villages d'acier, à la peau blanche démaquillée. Phare-frère en départ, défonce nos prisons tressées, nous avons besoin de hurler, dans le dimanche bleu, un baiser comme une plainte d'adieu.

Ouvert entre tes cuisses, de ton œil, de ta main, délirant dans la nuit sur des oreillers de satin, ton poing traverse ma nuit. L'Amour me donne des airs de putain. Je suis une fille de comptoir en semaine, une femme demain, aux pieds gelés, aux seins troués. Je m'en retourne aux sentiers des guerrières... pour voir.

Où s'est caché le sanglot ? Où s'est coincé la grande, terrible larme de l'oubli ? Quand tu es parti, que tu m'as quittée, je n'ai pas voulu croire que je m'étais peut-être trompée. Ce n'était peut-être pas toi, mon homme... alors j'ai essayé, livré un dur combat entre mes jambes et ma tête, entre mon cœur et ma raison, entre mes larmes et ma soumission à ce destin frigide qui m'a laissée seule, meurtrie dans l'hiver.

Je n'ai pas voulu japper comme une louve, j'ai voulu aimer... aimer par-dessus mon corps sauvage qui hurle en dedans. Aimer alors que je voulais rompre les sortilèges qui m'unissent à toi. Aimer comme malgré moi. Mais l'hiver de ma peau m'est difficile, le souffle rauque de ton silence est devenu ma voix...

Je suis couverte d'un linceul beige... ma poitrine mauve commence à respirer. J'ai mal dans chaque fibre de mon être... Je reprends des forces à la lueur de la chandelle, entre des lettres rouges et des yogourts parfumés au café. Mes pantoufles d'angora montent la garde à mon lit mouillé, mon corps a sué ses derniers drames. Mon crâne lourd n'a plus de pensée, qu'un seul jaillissement celui de guérir, d'être renouvelée au sortir de cet hiver qui a marqué le sentier de mes seins d'une blessure. Un cri poussé à l'intérieur de moi, pourtant, je le sais, je le pressens... Ce sera mon passage.

* * *

Aujourd'hui, un souffle nouveau s'étend sur ma planète ; souffle encore un peu rauque de l'hiver déchirant, qui laisse sur ma peau entrouverte le mal prolongé de l'amour. Hier, je hurlais que l'amour m'exaspère, aujourd'hui, je chante en *whisky voice* : Femmes, nous gagnerons au-delà des luttes, des doutes et des pouvoirs, nous gagnerons le droit de parler, de nous faire entendre, nous gagnerons notre temps d'aimer. Il sera le berceau de notre délivrance, l'envol de nos expressions, la magie réelle de nos désirs enfouis.

J'aime aujourd'hui en inscrivant mon nom dans la vie, non plus dans l'attente.

Je suis dans un avenir qui me fait signe.

* * *

« Ma main écrite, c'est mon espoir de demain, mon épanouissement d'aujourd'hui. Main dépouillée d'une autre femme qui germe en moi. »

* * *

Je te laisse des pages blanches pour que tu y inscrives à ton tour les mouvances de ta vie.

TABLE DES MATIÈRES

COMPOSÉ AUX ATELIERS
GRAPHITI BARBEAU, TREMBLAY INC.
À SAINT-GEORGES-DE-BEAUCE

Achevé d'imprimer à Montmagny
par les travailleurs des ateliers Marquis Ltée
le 30 septembre 1981